Heinrich Siegel

Das Versprechen als Verpflichtungsgrund im heutigen Recht : eine germanistische Studie

Heinrich Siegel

Das Versprechen als Verpflichtungsgrund im heutigen Recht : eine germanistische Studie

ISBN/EAN: 9783743314887

Hergestellt in Europa, USA, Kanada, Australien, Japan

Cover: Foto ©Suzi / pixelio.de

Manufactured and distributed by brebook publishing software (www.brebook.com)

Heinrich Siegel

Das Versprechen als Verpflichtungsgrund im heutigen Recht : eine germanistische Studie

אל

DAS VERSPRECHEN

ALS VERPFLICHTUNGSGRUND

IM HEUTIGEN RECHT.

DAS VERSPRECHEN

ALS VERPFLICHTUNGSGRUND

IM HEUTIGEN RECHT.

—∞—

EINE GERMANISTISCHE STUDIE

VON

DR. HEINRICH SIEGEL

O. Ö. PROFESSOR DES DEUTSCHEN RECHTES AN DER WIENER UNIVERSITÄT,
WIRKL. MITGLIED DER KAISERLICHEN UND CORRESPOND. MITGLIED DER
KÖNIGLICH BAYERISCHEN AKADEMIE DER WISSENSCHAFTEN.

BERLIN, 1873.

VERLAG VON FRANZ VAHLEN.

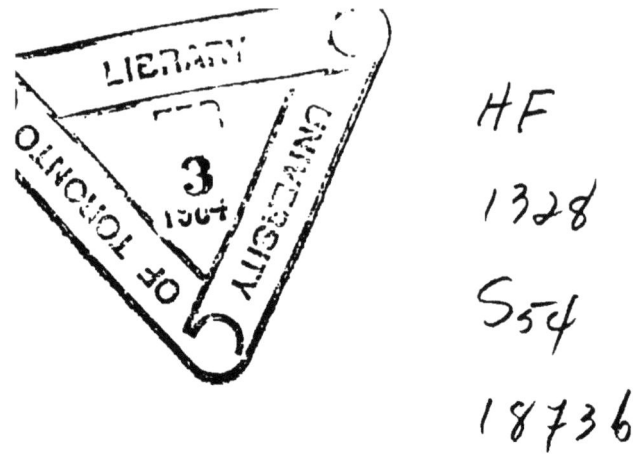
Druck von Adolf Holzhausen in Wien.

MEINEM FREUNDE

JOHANNES VAHLEN

GEWIDMET.

VORWORT.

Der Grundgedanke dieser Schrift drängte sich
mir auf bald nachdem ich begonnen hatte, in das
Studium der deutschen Rechtsquellen mich zu vertiefen.
Ein Vortrag über die Auslobung, welcher in einem
wissenschaftlichen Vereine zu Giessen im Jahre 1854
gehalten wurde, lieh demselben bereits Ausdruck. Als
Kuntze's Werk über die Inhaberpapiere erschienen war,
konnte daher mein verewigter Freund und Genosse
Sandhaas unterm 12. November 1857 mir schreiben:
Aus der Vorrede entnehme ich, dass nun auch er für
diese Frage ein einseitiges Versprechen, nicht einen
Vertrag als Grund der Obligation ansieht; also ein
alter Lieblingsgedanke von Dir bestätigt.

Ich theile diese Thatsachen mit von dem Wunsche
geleitet, den Leser im Voraus zu überzeugen, dass bei
dem Widerspruch gegen Sätze, welche der allgemein-
sten Anerkennung sich erfreuen, mindestens nicht
leichtfertig zu Werke gegangen wurde, dann aber auch

in der Hoffnung, dass die Gewissheit über die unabhängige Entstehung der in dieser Schrift entwickelten,
mit Kuntze's Theorie vom einseitigen Rechtsact in
Einem Punkte übereinstimmenden Lehren zu einer
vorurtheilsfreien Prüfung geneigter stimmen werde.

Daraus, dass die Schrift gemeines und codificirtes
Recht bald nebeneinander, bald abwechselnd dieses
oder jenes und von dem codificirten Rechte bisweilen
nur das eine und das andere behandelt, wird kein
Vorwurf erhoben werden. In Folge der Reception des
römischen Rechtes und bei dem Gang, den die Rechtsbildung fernerhin in Deutschland genommen hat, ist
dieses Gebrechen an Einheit unvermeidlich, sobald eine
Darstellung der Grundsätze und Begriffe, auf welche
das geltende Recht zurückzuführen ist, versucht wird.

Diese Grundsätze und Begriffe, soweit sie der
nationalen Denkweise entstammen, werden in ihrer
Zusammenfassung bekanntlich das deutsche Privatrecht
genannt, zu welchem die vorliegende Studie einen Beitrag liefern will.

ERSTER ABSCHNITT.

DIE GRUNDLAGEN.

§. 1.

1. Die römische Stipulation und der deutsche Vertrag.

Die Nachfrage und das Angebot, welche im öconomischen Verkehre als Werthmesser der Dinge sich wirksam erweisen, bilden im Rechtsverkehre die möglichen Ausgangspunkte für die Entstehung von Verträgen. Die beiden an sich möglichen Anknüpfungsweisen haben jedoch zu einer in der alten und neuen Welt verschiedenen stereotypen Gestalt des Vertragsbegriffes selbst geführt. Während nämlich die römische Jurisprudenz den obligatorischen Vertrag, welcher im geschäftlichen Leben der gewöhnliche war und blieb, die Stipulation aus einer Nachfrage und Zusage bildete, haben die Germanen umgekehrt in dem Schuldvertrage stets die Begegnung von einem Angebot, d. i. einem

2

für den Fall seiner Annahme gegebenen Versprechen und dieser Annahme selbst gesehen.[1] Und während in Rom die Willenserklärung des Gläubigers, d. i. die stipulatio[2] es gewesen, welche dem ganzen Geschäfte den Namen verlieh, bedienten sich zu seiner Bezeichnung die Deutschen umgekehrt bloss des Gelübdes oder Versprechens des Schuldners.[3] Der Ausdruck Vertrag für ein angenommenes Versprechen gehört nicht als ein ursprünglicher der deutschen Rechtssprache an; noch im Mittelniederdeutschen bedeutet das Wort eine Ausgleichung,[4] und erst allmälig hat dasselbe, zunächst nur für ein wechselseitiges Versprechen und dessen Annahme passend, die allgemeinere Bedeutung gewonnen, welche die neuere Zeit ihm beilegt.[5]

---

[1] Swer sogetanen gelub nimmt oder tut, heisst es mit Rücksicht auf einen verbotenen Geiselschaftsvertrag in des Erzbischofs Friedrich von Salzburg Landesordnung vom Jahre 1328 §. 25 bei *Röfsler*, über die Bedeutung und Behandlung der Geschichte des Rechtes in Oesterreich. Anhang p. IV. — Der Gläubiger ist der geloof-hebber, wie sich das Geldern'sche Landrecht vom J. 1619, Th. 4, Tit. 2, §. 2, ausdrückt.

[2] Nur bisweilen wurde so auch die sponsio genannt. Vgl. *Dirksen* manuale p. 911. *Liebe*, die Stipulation S. 18, Note 1.

[3] Diess ergibt sich insbesondere aus denjenigen Stellen der Rechtsbücher, wo von irem geloude gesprochen wird. Vgl. z. B. Sachsensp. III, 40 §. 2.

[4] S. *Weigand*, Wörterbuch der deutschen Synonymen III, S. 827. Vgl. dazu noch das Rechtsbuch n. Distinction. *(Ortloff)* II. c. 14 d. 6: si hetten sich denn anders vortragen.

[5] Bei voller Anerkennung dieser Entwicklung im Sprachgebrauch muss es aber als ein Missbrauch gerügt werden, wenn

Der hervorgehobene Gegensatz zwischen dem römischen und germanischen Rechte ist Dank der geschichtlichen und vergleichenden Forschung, welche sich in unserem Jahrhundert auch des Rechtsgebietes bemächtigt hat, der heutigen Wissenschaft nicht mehr neu. Zu weit, wie mich dünkt, ist allerdings *Carl Adolf Schmidt*[6] gegangen, welcher als den römischen Obligationsgrund den Willen und die Stärke des Fordernden hinstellt, nachdem als Rechtsgrund der Obligation bei den Germanen das Versprechen von ihm bezeichnet worden ist. In ähnlichem Sinne, unverkennbar unter Einwirkung der Lehre dieses seines Vorgängers, äussert sich auch *Beseler*.[7] In der Obligation, schreibt er, legen die Römer das entscheidende Gewicht auf das Recht des Gläubigers, welcher sich

---

in neuerer Zeit bisweilen Gesetzgeber und Juristen ein Versprechen, bei welchem von der Annahme abgesehen wird oder doch abzusehen ist, Vertrag nennen. Diese missbräuchliche Anwendung, welche bei *Windscheid's* „reinem Vertrag", vgl. Pandekten II, §. 319. 364, bis jetzt unschädlich geblieben ist, hat bei den „Schenkungsverträgen" des preussischen Landrechtes I, 11 §. 1063, zu einer praktisch bedeutsamen Controverse geführt und bei *von Savigny's* „Vertrag mit einer unbestimmten Person", vgl. Obligationenrecht II, S. 89 ff., mindestens überflüssigen Disput hervorgerufen. Vgl. hierüber §. 2 a. E. und §. 12 bei Note 33.

[6] Der principielle Unterschied zwischen dem römischen und germanischen Rechte I (1853), S. 251 ff., bes. S. 256.

[7] System des gem. deutschen Privatrechtes II (1853), S. 284 (2. Aufl. S. 479).

4

dem Willen des Schuldners für den Inhalt der Obligation unterwürfig macht. Im Gegensatze davon legen die Deutschen den Hauptnachdruck auf die von dem Schuldner übernommene Verbindlichkeit — das Versprechen, und führen auf die Verpflichtung dieses zu halten, die allgemeine Giltigkeit des Vertrages zurück.

Durchaus zutreffend, wie ich glaube, hat dagegen schon *Johann Kuntze*⁵ den Unterschied gekennzeichnet, wenn er sagt: Bei den Römern blieb immer die stipulatio die Hauptverkehrsform, und in ihrer Organisation wog die Thätigkeit des Acquirenden vor; unsere Anschauung dagegen lässt bei ihrer Vertragsorganisation die Thätigkeit des Disponenten in den Vordergrund treten, was sich darin ausspricht, dass wir den Vertrag nicht in Anforderung und Einwilligung, sondern in Versprechen und Annahme zerlegen, das Versprechen als das Erste und die Annahme als das Nachfolgende betrachtend.

Die Auffassung von den Bestandtheilen eines Vertrages, welche hiernach als die volksmässige bei den Germanen bezeichnet wird, erhielt sich fortwährend in lebendiger Kraft und Anerkennung bis auf unsere Zeit. Sie hatte alsbald in der gelehrten Jurisprudenz der neuen Welt ihre Vertretung gefunden.⁹ Ferner war von ihr ausgegangen die naturrechtliche Doctrin, aller-

⁸ Die Lehre von den Inhaberpapieren. 1857. S. 353.
⁹ Vgl. z. B. das Werk des dogmatisch berühmten Jesuiten *Ludwig von Molina* (geb. 1535, gest. 1601): De justicia et jure. 1614. tom. II, disp. 263. sqq.

dings unter Beimischung des verwerflichen Zusatzes
von einer durch das Versprechen stattfindenden Rechtsübertragung.[10] Unter dem Einflusse der die Wissenschaft beherrschenden Anschauung gelangte sie weiter
zum Ausdruck in den Landesgesetzbüchern, welche im
vorigen Jahrhundert zu Stande gebracht oder doch
vorbereitet wurden und noch gegenwärtig gelten. Die
Essential- und innerlichen Requisiten, ohne welche keine
Convention von Kraft und Giltigkeit sein mag, sagt
der Codex Maximilianeus Bavaricus vom Jahre 1756,
Theil IV, Cap. 1, §. 5, bestehen 1° in dem Versprechen
eines und der Annahme andern Theils. Zur Wirklich-
keit eines Vertrages, normirt das allgemeine preussische
Landrecht vom Jahre 1794, Theil I, Titel 5, §. 4, wird
wesentlich erfordert, dass das Versprechen giltig angenommen worden. Und das österreichische allgemeine
bürgerliche Gesetzbuch vom Jahre 1811 erklärt §. 861:
nimmt aber der Andere das Versprechen giltig an, so
kommt durch den übereinstimmenden Willen beider
Theile ein Vertrag zu Stande. Mit diesen Bestimmungen der Landesgesetze in vollem Einklang wurde endlich der Vertragsbegriff auch regelmässig bis auf unsere

---

[10] S. *Hugo Grotius*, de jure belli ac pacis lib. II. c. 11 de
promissionibus, insbes. §. 14 ff. Vgl. *Daries*, institutiones jurisprud.
univers. 1745, §. 415: pacta requirunt 1° promissionem, 2° acceptationem, wo übrigens an dritter Stelle noch consensus promittentis
in promittentis acceptationem verlangt wird. *Zeiller*, natürl. Privatrecht §. 93 a. E.: Das angenommene Versprechen ist ein Vertrag.

Tage von der gemeinrechtlichen Wissenschaft, und nicht blos von Germanisten, auch von Romanisten formulirt.[11] Deutsches Denken hat unsere Wissenschaft des römischen Rechtes beherrscht, eine Erscheinung,

[11] Vgl. von Germanisten *Runde*, deutsch. Privatrecht 1791. 4. Aufl. 1806. §. 184: Zu jedem Vertrage oder Gedinge gehören zwei wesentliche Stücke: Versprechen und Annahme desselben; ferner *Goede*, jus priv. germ. 1803, welcher §. 84 das pactum als promissio acceptata bezeichnet, und *v. Krüll*, teutsch. Privatrecht 1821, wo §. 298 als Vertrag jedes angenommene Versprechen hingestellt wird. — Von Romanisten s. *Glück*, Pandekten-Commentar IV (1796), S. 50: ein Vertrag erfordert also seinem Begriffe nach zwei wesentliche Stücke, 1. auf Seite des einen Theils ein Versprechen, 2. auf Seite des andern Theils die Annehmung des Versprechens; *Schweppe*, röm. Privatrecht 1814. 4. Aufl. 1831. IV, §. 411: Vertrag ist die Vereinigung mehrer Willenseinigungen durch Versprechen einer Leistung von der einen und Acceptation (Annahme des Versprechens) von der andern Seite; *Mackeldey*, Lehrbuch des heutigen röm. R. 1814. 14. Aufl. 1862. §. 353; Ein Obligationen begründender Vertrag setzt wenigstens zwei von einander unabhängige Personen voraus, von denen die eine der andern etwas Bestimmtes zu leisten verspricht und diese das Versprechen annimmt; *Mühlenbruch*, Pandekten 1823. 4. Aufl. 1844. §. 331: Ein Vertrag ist die Uebereinstimmung Mehrer in Beziehung auf eine Leistungsverbindlichkeit, oder auch: das von Einem gegebene, von dem Andern angenommene Versprechen; *v. Wennig-Ingenheim*, gem. Civilrecht 1825. 5. Aufl. 1837. I, §. 223: Vertrag ist das angenommene Versprechen über eine Obligation; *Puchta*, Vorlesungen II, §. 250: Die Einwilligung in den obligatorischen Vertrag heisst von der einen Seite Versprechen, Promission, von der andern Annahme, Acceptation; *Arndts*, Pandekten 1852. 7. Aufl. 1872. §. 231: Zu einem Schuldvertrag wesentlich ist ein Versprechen von der einen und Annahme desselben (Acceptation) von der andern Seite. Vgl. auch §. 2 Note 7.

-

welche von Neuem in unserem Verständniss des französischen Rechtes sich wiederholt. Während die Ver-
fasser des code civil ausgingen von der der römischen Stipulation zu Grunde liegenden Anschauung,
und in Folge dessen Artikel 1108 unter stillschweigen-
der Voraussetzung des Gläubigerwillens als erstes
wesentliches Erforderniss eines Vertrages aufstellt: le
consentement de la partie, qui s'oblige, verstehen die
deutschen Bearbeiter des französischen Rechtes unter
diesem Erforderniss ohne Weiteres die Einwilligung
der Parteien in dem Sinne eines Versprechens auf der
einen und der Annahme desselben von der andern
Seite.[12]

§. 2.

Die Annahme des Versprechens insbesondere.

Indem die deutsche Rechtssprache das Jemanden
für den Fall seines Einverständnisses gemachte Versprechen „annehmen" lässt, bedient sie sich eines Ausdruckes, der den Vorgang nicht im Sinne geistiger,

---

[12] Mithin, nämlich nach Art. 1108, sagt *Zachariae*, Handbuch
des franz. Civilrechts, Ausg. *Anschütz* II, S. 340, besteht ein jeder
Vertrag seinem Wesen nach aus zwei Willenserklärungen: aus einem
Versprechen und der Annahme dieses Versprechens; vgl. *Stabel*,
Institutionen des franz. Civilrechtes 1871, S. 317: Das erste Erforderniss (eines Vertrages nach Art. 1108) ist die Einwilligung, d. h.
das Versprechen von der einen und die Annahme des Versprechens
von der andern Seite.

sondern körperlicher Aneignung darstellt.[1] Das Wort ist geblieben, während die Voraussetzungen, unter denen es entstand und zutreffend war, andere geworden sind.

Ein Versprechen war nach altem Rechtsbrauch begleitet von einer Handlung, welche zum sichtbaren Zeichen oder als Urkunde für jenes diente, sei es, dass die Handlung in dem Darreichen der Hand oder eines Handschuhs, in dem Zuwerfen oder Hingeben einer sonstigen durch die Sitte hergebrachten Sache, z. B. eines Halmes bestand. Indem nun der andere Theil sein Einverständniss mit dem vernommenen Willen erklärte, nahm er gleichzeitig ebenfalls zum Zeugniss die dargereichte Rechte oder den sonstigen Gegenstand an. Von diesem wirklichen und körperlichen An-sich-nehmen der Wahrzeichen, die das heutige Recht kaum mehr kennt, stammt der Ausdruck „Annahme", welcher jetzt eine rein geistige Bedeutung gewonnen hat. Annahme ist heutzutage die Erklärung des Willens, dass des Andern Wort ein Wort sein, das Versprechen Bestand oder Bestand und Wirksamkeit haben soll. Man könnte daher passend die Annahme heutigen Tages „Genehmigung" nennen, wenn dieser Ausdruck nicht schon mit einer andern Bedeutung in unserer Rechtssprache eingebürgert wäre.

---

[1] Die gleiche Bewandtniss hat es mit dem andern daneben üblichen Ausdruck „Empfangen".

Die naturrechtliche Doctrin, von welcher der Grund gelegt wurde zu einer wissenschaftlichen Lehre von der Acceptation,[2] hat allerdings in Folge der bereits erwähnten Einmischung des unrichtigen Gedankens von der Rechtsübertragung, worauf das Versprechen gerichtet sein soll, der Annahme die Bedeutung der Uebernahme des Rechtes vindicirt. Und diese Bedeutung macht sich an einzelnen Stellen auch noch in den neueren Gesetzbüchern bemerkbar;[3] mit dem Aufgeben der irrigen Vorstellung von einer durch das Versprechen stattfindenden Rechtsübertragung entfällt indess von selbst die folgeweise der Annahme beigemessene Bedeutung. Nicht minder unrichtig ist es ferner, wenn man heutigen Tages die Annahme — ohne Bild ausgedrückt — als die Willensäusserung des einen Contrahenten bezeichnet, dass er auf die Leistung, zu welcher der andere verpflichtet sein zu wollen erklärt, berechtigt sein wolle;[1] denn nicht immer beabsichtigt und begründet ein angenommenes Versprechen

---

[2] Als die erste, wenn auch unbedeutende Monographie führe ich an *Rudloff*, de acceptatione et ejus jure 1676. — Von den Gesetzbüchern behandelt nur das preussische Landrecht I, 5 §. 78 ff. die Annahme im Zusammenhang.

[3] Vgl. z. B. österr. Gesetzb. 864: Verträge sind zweiseitig verbindlich, wenn . . . beide Theile einander Rechte übertragen und wechselseitig annehmen. S. auch preuss. Landr. I, 5 §. 83 und an andern Stellen.

[1] Vgl. z. B. *Windscheid*, Pandekten II, §. 305.

oder der Vertrag, den zwei Personen mit einander
schliessen, ein Schuldverhältniss unter denselben.[5]
Geht man von der deutschen Ansicht aus, dass
ein Vertrag aus einem Versprechen und seiner Annahme
bestehe, so ist es allerdings der „natürliche Gang",
dass früher das Versprechen gemacht und darauf die
Annahme erklärt werde.[6] Zweifellos kann jedoch der
Wille des Einen, dass das Versprechen des Andern
Geltung haben solle, auch in einer vorausgehenden
Erklärung, z. B. in einer Frage, welche das Versprechen hervorruft, zum sichern Ausdruck gelangen. Mit
gutem Grunde hat daher schon *Hugo Grotius* gelehrt:
praecedens rogatio vim habere acceptationis intelligi-
tur.[7] In diesem Sinne spricht ferner das österreichische
Gesetzbuch §. 861 a. E. von einem Versprechen, das
weder zum Voraus, noch nachher angenommen ist,
und kaum nothwendig wäre es gewesen, dass das
preussische Landrecht I, 5 §. 82 mit Rücksicht auf
einen solchen Fall verordnete: Wenn das, was der eine

---

[5] Man denke an die s. g. Verträge zu Gunsten Dritter. Vgl.
unten §. 14.

[6] *Nippel*, Erläuterungen des a. b. Gesetzbuchs VI, S. 12.

[7] De jure belli ac pacis II, cap. 11, §. 4. — „Willkürlich"
kann man diesen Satz mit *Regelsberger*, civilist. Erörterungen I,
S. 49, nur von dem römischen Standpunkte aus nennen. Uebrigens
sagt selbst ein heutiger Romanist, *Brinz*, Pandekten S. 1574: Diese
Erklärung gestaltet sich als Versprechen, wenn der Zusage, etwas
leisten zu wollen, die Annahme (in Gestalt einer Bitte, Aufforderung,
Frage) vorausgeht.

Theil fordert oder verlangt, von dem andern bewilligt
worden, so bedarf es von Seite des Erstern keiner be-
sondern Annahme. [8]
Im Bisherigen wurde der einfache Fall vorausgesetzt, dass nur der eine Theil eine Leistung zu
Gunsten des andern verspricht. Nun kann aber auch
ein Versprechen für den Fall eines Gegenversprechens
gegeben werden. Bekanntlich scheidet heutzutage Gesetz und Wissenschaft [9] die obligatorischen Verträge in
ein- und wechselseitige, je nachdem nur ein Theil oder
jeder zu einer Leistung sich verpflichtet. Es könnte
scheinen, als ob die Zerlegung des Vertrages in ein
Versprechen und eine Annahme nur für den einseitig
verbindlichen Vertrag, den man auch wohl als den Ur-
begriff des Vertrages schon bezeichnet hat, anwendbar
sei. In der That enthält ein zweiseitiger Vertrag ein
wechselseitiges Versprechen mit wechselseitiger Annahme. [10] Da jedoch der zur Vollständigkeit eines Ver-

---

[8] Ganz unbegreiflich erscheint die Bemerkung *Koch's*, Lehrbuch des preuss. Privatrechtes II, S. 193: Annahme heisst die zu-
stimmende Erklärung des Andern auf das Verlangen, Anerbieten,
den Vorschlag oder die Anfrage des Einen.

[9] Vgl. preuss. Landr. I, 5 §. 7. 8. — Code civil 1102. 1103.
Oesterr. Gesetzb. 864. Sächs. Gesetzb. 785. — *Arndts*, Pandekten,
§. 234; *Windscheid*, Pandekten II, §. 320. Die Römer hatten keine
Kunstausdrücke für diesen Unterschied. Vgl. *Savigny*, Obligationenrecht II, S. 12.

[10] *Höpfner*, Commentar zu Heineccius, §. 750. *Winiwarter*,
das österr. bürgerliche Recht IV, S. 5.

trages gehörende Inhalt von der einen Seite so bestimmt beantragt werden muss, dass durch ein blosses „Angenommen" von der andern Seite [11] der Vertrag entstanden ist, so hat der juristische Sprachgebrauch den Ausdruck Annahme auch auf die Willenserklärung des andern Theils bei einem wechselseitig verbindlichen Vertrage angewendet. Immer freilich muss man sich den Inhalt und die Bedeutung dieser s. g. Annahme gegenwärtig halten, welche ausser der Annahme des anderseitigen Versprechens selbst ein Versprechen in sich schliesst, gleichwie das erste Versprechen im Voraus die Annahme des folgenden enthält. Aus diesem Grunde bedürfen z. B., wenn eine Form vorgeschrieben ist, dieser Form nothwendig die beiden Willenserklärungen, aus welchen der wechselseitig verbindliche Vertrag sich zusammensetzt. [12]

---

[11] *Thöl*, Handelsrecht I, S. 365, sagt, durch ein blosses „Ja", indem er die römische Weise der Begründung von Obligationen durch Frage zum Ausgangspunkte nimmt, worauf schon *Brinz*, Pandekten S. 1584, aufmerksam gemacht hat. — Die Anfrage lautet: Versprichst Du mir das und das gegen ein Versprechen des und des Inhaltes von meiner Seite? Der Antrag: Ich verspreche Dir das und das gegen ein Versprechen des und des Inhaltes von Deiner Seite.

[12] Ein Beispiel aus dem älteren deutschen Rechtsleben bietet der Kampfvertrag, welcher vor Gericht geschlossen wurde und auf Grund des Freiberger Weichbildes (bei *Schott*, Stadtrechte III, 231 a. E.) nach Urtheil und Recht also abzuschliessen war: so sal he (der Forderer) vregen eines urteiles, wi he͏́ (der Gegrüsste) den kampf geloben sulle. so sol man teilen, he sulle einen vinger ufrecken. so sal he ufrecken einen vinger. Darauf heisst es weiter:

Damit sind wir zu einem Punkte gelangt, dessen Erörterung mit Bezug auf den einseitigen Vertrag für den vorliegenden Zweck von besonderer Wichtigkeit erscheint; ich meine die Form, in welcher eine Annahme erklärt werden kann.

Von der fingirten Annahme [13] abgesehen unterscheidet man, wie bekannt, eine ausdrückliche und eine stillschweigende oder thatsächliche Annahme, und versteht unter der letzteren diejenige, welche in einem schlüssigen Thun gegenüber dem Versprechenden sich kundgibt.[14] Um hierbei nicht willkürlich zu verfahren

so sal he biten eines urteiles, ab he den kampf zu rechte icht intphahen sulle. so sol man teilen, he sulle in billiche entphaen. so sol der vorderer mit der andern hant uprecken einen vinger, damit sal he den kampf intphaen. Ueber das Aufrecken des Fingers vgl. noch die auszugsweise Mittheilung aus einem ungedruckten Notariatsinstrumente vom Jahre 1321 bei *Bodmann*, rheingauische Alterthümer, S. 659: Henricus de Lyndowe, miles, promisit bona fide digitum suum in dextra manu sua publice erigendo per modum et formam, qui vulgariter sichern nuncupatur.

[13] Vgl. darüber *Hauser* in *Goldschmidt's* Zeitschrift XII, S. 101—117.

[14] Die Fassung des preussischen Landrechtes I, 5 §. 81: Handlungen, welche die Annahme des Versprechens voraussetzen, werden einer ausdrücklichen Annahme gleichgeachtet — ist eine sehr unglückliche; einmal wegen des Ausdruckes „voraussetzen", welcher Missverständnisse erzeugen muss, sodann wegen der Verfügung, dass die fraglichen Handlungen einer ausdrücklichen Annahme gleichzuachten sind, während doch I, 14 §. 204. 205 eine Abstufung zwischen der stillschweigenden und ausdrücklichen Annahme anerkannt wird.

und fehlzugreifen im einzelnen Falle, ist grosse Vorsicht nöthig. Soll in einem Verhalten der Ausdruck eines bestimmten Willens gefunden werden dürfen, so muss der Schluss von jenem auf diesen ein sicherer sein. Sobald das Benehmen oder die Handlung verschiedene Deutungen zulässt, ist die Aeusserung eines bestimmten Willens, also auch einer Annahme ausgeschlossen.[15] Wo ein Vorurtheil leitet, wie hier das Vorurtheil, dass jedes Versprechen, um zu verpflichten, nothwendig der Annahme bedürfe, ist vom Auslegen zum Unterlegen nur ein Schritt. Wann und inwiefern dieser Fehltritt gemacht wird, lässt sich häufig nur von Fall zu Fall feststellen. Oefter und allgemeiner wird er dadurch begangen, dass eine Handlung, welche das Verlangen nach Verwirklichung eines Versprechens zum Ausdrucke bringt, die Deutung als Annahme erfährt. Wer jedoch Versprochenes fordert, will damit nicht

— —

[15] Wenn das preuss. Landrecht I, 11 §. 1059 nach dem vorausgegangenen Paragraphen, welcher besagt, dass „bei allen Schenkungen wie bei andern Verträgen eine ausdrücklich oder durch Handlungen erklärte Annahme nothwendig sei", verfügt: „doch sind die Worte und Handlungen des Andern im zweifelhaften Falle so zu deuten, dass er das Geschenk dadurch habe annehmen wollen", so hätte schon aus diesem Grunde (über weitere vgl. *Förster*, preuss. Privatrecht II, S. 13 Note 37 und S. 14) das Gesetzbuch mit besserem Rechte angeordnet, dass das Schenkungsversprechen ohne Annahme giltig sei. Dass dabei der Bedachte auf sein Recht verzichten kann, ist selbstverständlich.

erst das Versprechen zu einem giltigen und verpflichtenden machen; seinem Sinne nach ist das Versprechen
bereits ein solches. Und wie der Fordernde denkt, ur-
theilt auch das Recht, sofern es die Forderung als eine
begründete erkennt. Noch in einer andern Richtung
waltet ein Irrthum, wenn der Anstellung der Klage
insbesondere eine alte und verbreitete Lehre die Bedeutung einer Annahme beimisst. Quamvis non accep-
tarit, sagt schon *J. H. de Berger*,[16] inde tamen recte
agit, cum agendo acceptare intelligatur. Hierbei wird
nämlich ausserdem übersehen, dass die Erklärung der
Annahme gegenüber dem Versprechenden erst mit der
Zustellung der Klage an den Beklagten erfolgen würde,
die Klage bei ihrer Anbringung vor Gericht somit
noch auf ein unangenommenes Versprechen gegründet
wäre.[17]

Solchen Annahmen von-Annahmen gegenüber
scheint in der That besser noch gewählt zu sein der
Ausweg, zu welchem Zeitgenossen des *Ludwig von
Molina*, die praktisch das Versprechen, theoretisch dagegen nur den Vertrag als Verpflichtungsgrund aner-
kannten, zur Rettung ihrer Theorie die Zuflucht ge-

----

[16] Disceptat. forens. suppl. P. I, tit. 34, Nr. 4, Note 4.

[17] Mit der Zurückweisung der Ansicht, dass in der Anstellung
der Klage aus einem Versprechen nicht dessen Annahme liege,
letztere vielmehr vorausgegangen sein müsse, übereinstimmend
Heuser's Annalen I, S. 534; *Förster*, preuss. Privatrecht I, S. 417,
Note 4.

nommen haben. Non defuerunt, berichtet der genannte Jurist, [15] his nostris temporibus, qui, ut tuerentur promissionem ante acceptationem ex natura rei nullo pacto obligare, triplex genus acceptationis confingerent. Unum, quod donatarius ipse acceptaret. Alterum, quod alius loco et nomine ejus acceptaret. Et tertium, quod nullo homine in particulari acceptante, a principe seu legislatore per legem acceptatio fieret eo ipso, quod lege statuit, ut promissio aliqua absque cuiusquam acceptatione vim obligandi habeat. Mit Recht freilich hat bereits *Molina* selbst darauf geantwortet: Est tamen commentitium asserere, legislatores arbitratos fuisse, promissionem ex sui natura non habere vim obligandi exclusa acceptatione atque, dum statuerunt, ut promissiones aliquae sine acceptatione obligarent, intendisse, per eam legem acceptare eas promissiones loco donatariorum sicque vim obligandi eis tribuisse.

So lange übrigens auch in solchen Fällen, wo bei dem unbedingt erklärten Willen des Versprechenden das blosse Wort als Verpflichtungsgrund genügen würde, das Gesetz oder Gewohnheitsrecht einen Vertrag fordert, muss mindestens die Wissenschaft die Unterscheidung zwischen formellen und formlosen Verträgen als unzureichend erkennen. Es muss anerkannt werden, dass bei einseitig verbindlichen Verträgen möglicherweise nur das Versprechen einer besonderen Form

---

[15] An dem oben §. 1 Note 9 a. O. qu. 14.

bedarf, während die Annahme in jeder Weise erklärt werden kann, und dass es demgemäss ausser den formellen und formlosen Verträgen noch eine dritte Gruppe gibt: die Verträge mit formbedürftigem Versprechen bei formfreier Annahme.[19] Zu denselben zählt beispielsweise der Schenkungsvertrag nach dem preussischen Landrechte.[20] Allerdings lautet der §. 1063 im 11. Titel des ersten Theils: Schenkungsverträge sollen gerichtlich abgeschlossen werden, und man hat wegen dieser seiner Fassung auch für die Annahme die gerichtliche Form als nothwendig behauptet. Allein die Fassung erklärt sich aus der schon gerügten, nicht vereinzelten fehlerhaften Identificirung von Versprechen und Vertrag.[21] Die Ab-

---

[19] Wenn *Thöl*, Handelsrecht I, S. 384, dem auf c. 17 C. de fide instrument. 4, 21 gegründeten Satze: „Bei gesetzlich gebotener Schrift muss Versprechen und Acceptation in einer Urkunde, in dieser also die Unterschrift beider Contrahenten enthalten sein," beifügt: „doch ist nach Particularrechten gesetzlich oder gewohnheitlich die Unterschrift des einen Theils zuweilen genügend," so ist zu bemerken, dass dieser eine Theil immer nur der versprechende oder derjenige ist, welcher sich verbindet. — Allgemein als genügend betrachtet die Unterschrift „dessen, welcher sich verbindet", *Gmelin*, von Aufsätzen über Verträge 1790. S. 14.

[20] Während nach dem sächsischen Gesetzbuch §. 1054, vgl. 1056, nicht blos das Versprechen, sondern auch die Annahme vor Gericht zu Protokoll erklärt oder durch das Gericht bestätigt werden, und nach österreichischem Recht (Gesetz v. 25. Juli 1871, Reichsgesetzbl. Nr. 76, S. 205) die Notariatsurkunde auf beide Erklärungen sich erstrecken muss.

[21] S. oben §. 1 Note 5.

sicht des Gesetzgebers, in dem angeführten Paragraphen nur für das Schenkungsversprechen die Erklärung vor Gericht vorzuschreiben, ergibt die Bemerkung von *Suarez* in seinen Vorträgen über die Schlussrevision des Gesetzbuches auf das bestimmteste. Er sagt: Da in der ganzen Lehre von Schenkungen hauptsächlich darauf gearbeitet worden, dem Leichtsinne, den Uebereilungen und Unbesonnenheiten, die bei solchen Geschäften hauptsächlich vorfallen, möglichst vorzubeugen, so ist als ein solches Vorbeugungsmittel angenommen: dass aus pactis de donando, wenn sie aussergerichtlich geschlossen werden, auf Erfüllung nicht soll geklagt werden. Es gibt Leute, die sich sehr bedenken, wenn sie nur etliche Louisd'or baar aus ihrem Beutel weggeben sollen, die es aber gar nichts kostet, ein Versprechen, das erst in der Zukunft erfüllt werden soll, auszustellen und zu unterschreiben. — Ferner ergibt sich die Beschränkung der Nothwendigkeit der gerichtlichen Form auf das Versprechen aus §. 1059, indem dessen Vorschrift von allen Schenkungen (§. 1058), also auch von Schenkungsversprechen gilt. Hiernach können letztere durch Handlungen angenommen werden.[22]

---

[22] Vgl. *Koch*, Commentar zum a. preuss. Landrecht I, S. 925 Note 32. — *Förster* II, S. 20, versteht unter den Schenkungsverträgen des §. 1063 die Schenkungsversprechen im Gegensatz zu den Schenkungen durch Uebergabe; die besprochene Frage wird von ihm übergangen.

Unbestritten und unbestreitbar gilt weiter beim Bürgschaftsvertrag nach preussischem Landrecht das Erforderniss der schriftlichen Form blos für das Versprechen. Man lese I, 14 §. 204: Sobald der Bürge die Uebernehmung der Bürgschaft solchergestalt (d. h. schriftlich oder zum gerichtlichen Protokoll, vgl. 203) ohne Bedingung oder Vorbehalt erklärt hat, haftet er dem Berechtigten, auch ohne dessen ausdrückliche Annahme. — §. 205: Ist aber die Bürgschaft nur bedingungsweise oder unter einem Vorbehalte übernommen worden, so gelangt sie nicht eher zur Wirksamkeit, als bis der Berechtigte sich darüber erklärt hat.[23]

Diese Beispiele mögen genügen zur Rechtfertigung des gestellten Verlangens. Mit seiner Erfüllung wird zugleich das Bewusstsein von der untergeordneten Bedeutung der Annahme gegenüber dem Versprechen in dem einseitigen Vertrage wach-erhalten, während dieses Verhältniss bei der gegenwärtig üblichen, unterschiedslosen Behandlung der Bestandtheile eines Vertrages als zweier übereinstimmender Willenserklärungen nur zu leicht verdunkelt und vergessen wird.

----

[23] Die hiernach erforderliche Erklärung findet die Praxis in dem Unterschreiben der Bürgschaftsurkunde durch den Gläubiger; vgl. *Förster* II, S. 144 Note 16.

2*

2. *Die Verpflichtung ein Versprechen zu halten.*

§. 3.

Die Verpflichtung ein Versprechen zu halten und Versprochenes zu leisten.

So lange Jemand ein Wort, das er gegeben, nicht zurücknimmt, eine Zusage, die er gemacht, nicht absagt, lässt sich wohl von ihm melden, dass er bis jetzt sein Versprechen gehalten, noch keineswegs aber kann man behaupten, dass er es bereits eingelöst habe. Die Einlösung bleibt vorerst eine Aussicht, deren Verwirklichung der Zukunft angehört.

So klar der Unterschied vor Erfüllung eines Versprechens ist, so verschwindet er in der Vorstellung, sobald erfüllt ist. Von dem, welcher sein Wort eingelöst oder zur That gemacht hat, mag man mit gleichem Rechte ebenfalls sagen, dass er sein Wort gehalten habe, und in diesem Umstande, dass nachträglich der Unterschied zerfliesst und sich verwischt, dürfte die Ursache gelegen sein, dass bis jetzt kein Gebrauch von demselben gemacht wurde, wiewohl seine Anwendung auf eine Reihe von Erscheinungen des Rechtsgebietes den Schlüssel für eine richtige Erkenntniss und natürliche Erklärung derselben bildet.

Indem wir daher von dem bezeichneten Unterschiede ausgehen, sondern wir eine Verpflichtung, im

gegebenen Worte zu bleiben, und eine Verpflichtung,
das gegebene Wort zu erfüllen, und betrachten zunächst jede dieser Verpflichtungen an und für sich.
Die Verpflichtung, ein Versprechen zu erfüllen,
stellt sich als gleichbedeutend dar mit einer Schuld
oder Schuldverbindlichkeit, und ist da begründet, wo
dem Sollen ein Haben gegenübersteht oder eine obligatio nach der Bezeichnung der Römer[1] vorliegt.
Die Verpflichtung, ein Versprechen zu halten, erscheint dagegen nur als die Verpflichtung zu einer
Unterlassung: nicht zurückzunehmen das gegebene,
nicht zu widerrufen das gesprochene, nicht zu durchstreichen das geschriebene, nicht zu brechen das ge-
stabte Wort, und zwar mit der Wirkung, dass ein
Zuwiderhandeln rechtlich bedeutungslos ist.[2] Eine

---

[1] Die heimische Rechtssprache kennt keine Ausdrücke, welche
der römischen obligatio in ihren mehrfachen Bedeutungen und
Wendungen (vgl. *Savigny*, Obligationenrecht I, S. 10 ff.) entsprä-
chen. Dieser Umstand zeigt, dass die Vorstellungen von einem
Binden, Band oder von einer Gebundenheit in den gleichen Verhältnissen den Deutschen fremd war. Gebunden und damit der
Freiheit beraubt wurden nur Missethäter, unter gewissen Voraussetzungen auch wohl blos zum Schein mit einem Faden oder Stroh-
halm. Dagegen spricht man heutzutage von einer Gebundenheit im
Sinne einer Verpflichtung das Wort zu halten oder von einer Gebundenheit ans Wort. Vgl. die folgende Note und §. 5 Note 1.

[2] Aehnlich bestimmt *Windscheid*, Pandekten I, §. 89, insbes.
Note 3, die rechtliche Stellung desjenigen, der sich in einem Vertrage bedingt verpflichtet hat, während der Zeit, als die Bedingung
schwebt, und wendet darauf den Ausdruck „Gebundenheit" an.

solche Verpflichtung kann gegenüber einem bestimmten Individuum bestehen, sie kann aber ihrer Natur nach auch begründet sein mit Rücksicht auf unbestimmte Personen. Sie ist überall da vorhanden, wo das Recht eine Erklärung im Sinne ihres Gebers zu einer unwiderruflichen stempelt oder Jemand ausdrücklich die Erklärung als eine unwiderrufliche gibt. Um die gemachte Unterscheidung und Aufstellung[3] gegen den Vorwurf willkürlicher Erfindung zu sichern, will ich im Folgenden ihre Begründung in der deutschen Denk- und Vorstellungsweise nachzuweisen versuchen.

Zu diesem Zwecke ist vor Allem darauf hinzuweisen, dass im Gegensatze zu den römischen Rechtsquellen, welche abwechselnd von einem obligari ex stipulatu, teneri, obnoxium esse oder einem debere des Promittenten reden, in deutschen Rechtsquellen zur Bezeichnung der rechtlichen Folge eines Versprechens gewöhnlich die Wendung sich findet, dass sein Geber es halten solle.[4]

Nun muss allerdings zugestanden werden, dass von der Verpflichtung, ein Versprechen zu halten, viel-

---

[3] Welche übrigens schon in Bemerkungen bei *Mittermaier* (s. §. 5 Note 2) und *Bekker* (s. §. 12 Note 35) durchklingt.

[4] Ich verweise an dieser Stelle nur auf den Richtsteig Landrechtes 19, §. 3; 41, §. 1 und 7, das deutsche Rechtssprichwort: versprechen ist herrisch, halten ist bäurisch, und die unrömische Schulregel des germanischen Mittelalters: pacta sunt servanda.

fach ganz in dem Sinne einer Verpflichtung, das Versprechen zu erfüllen oder das Versprochene zu leisten, die Rede ist.

So, wenn an derselben Stelle eines Rechtsbuches in verschiedenen Handschriften die Ausdrücke variiren, wenn, um nur Ein Beispiel anzuführen, im Sachsenspiegel III, 41, wo von den Handlungen und Gelübden eines Gefangenen gesprochen wird, in §. 1 svelke orveide he gelovet oder sveret, die sal er durch recht gelden statt des letztern Wortes in andern Handschriften die Ausdrücke halden und stede halden sich finden.[5]

Nicht minder gilt das Gesagte, wenn in demselben Satze dieselbe Person bald des einen bald des andern Ausdruckes sich bedient, wenn es z. B. in dem Brünner Schöffenbuch n. 595 heisst: De promissis, quae sunt servanda, und im weitern Verlaufe dann gesagt wird: promissa, quae homo voluntarie facit, adimplere debet.

Gleichfalls identisch gebraucht scheint ferner auch der verschiedene Ausdruck in der bekannten Stelle der Rechtsbücher: sve icht borget oder lovet, die salt gelden unde svat he dut, dat sal he stede halden.[6]

---

[5] S. *Homeyer*, Sachsenspiegel S. 332 Note 11. — Vgl. ferner das. Note 15, S. 382 Note 5, S. 383 Note 18 u. a. a. O.

[6] Sachsenspiegel I, 7, womit deutscher Spiegel 15 und kais. Landrechtsbuch 11a übereinstimmen, nur dass die beiden letzten Rechtsbücher für lovet: entlenet setzen. Unter dem borget verstehe ich eine Entlehnung, während *Homeyer*, Register S. 404, es als

Eicke von Repgov und seine Nachfolger wollten mit
diesen Worten sagen, dass derjenige, welcher ein Versprechen gegeben, dasselbe erfüllen und zwar erfüllen
solle seinem ganzen Inhalte nach und in seinem vollen
Umfange, dass er insbesondere auf die gerichtliche An-
sprache weder die Schuld überhaupt, noch einen Theil
derselben abläugnen dürfe.[7] Darvmme sprecht he in
dat anbegin des bukes: „wi icht borget oder louet, di
sal gelden vnd svat he dut, dat sal he stede holden;"
dat is dat du nicht vorsaken salt.[8]

eine Verbürgung auffasst, unter dem lovet ein Versprechen ohne
Angabe des Grundes. Vgl. hierüber auch *Witte*, Zeitschr. f. Rechts-
gesch. VI (1867), S. 469 ff.

[7] Die Besprechung der Stelle bei *Stobbe*, Vertragsrecht S. 60,
ist verfehlt; das Moment, wodurch der erste Satz von dem zweiten
sich unterscheidet, — sve und svat — wird übersehen.

[8] Berliner Stadtrechtsbuch bei *Fidicin*, Beiträge I, S. 172. —
Hinsichtlich der rechtlichen Folge, wenn dennoch eine Versagung,
sei es eine gänzliche oder theilweise, stattfände, differiren bekanntlich der Sachsenspiegel und die beiden anderen Rechtsbücher. Nach
Sachsenrecht stand dem Läugnenden noch der Eid zu, wie dies vor
1024 beispielsweise auch in der Gegend von Worms der Fall war.
Habuerunt et hoc in consuetudine, sagen die leges et statuta fami-
liae St. Petri XIX (*Walter*, c. j. g. 3, 777), si quis alteri pecuniam
suam praestiterat, redderet quantum voluisset et quod noluisset cum
juramento negaret. Um Meineide zu verhüten, sprach jedoch Bischof
Burchard in dem genannten Jahre dem Darleiher das Recht zum
kampflichen Grusse zu. Nach dem Deutschenspiegel aber, dessen
Text freilich durch einen Schreibfehler entstellt ist (s. schon *von
Gosen*, das Privatrecht nach dem kl. Kaiserrecht S. 81), und nach
dem kais. Landrechtsbuch hatte der Kläger bereits das Recht des
Zeugenbeweises wider den Läugnenden.

Schon die Nebeneinanderstellung der beiden Verpflichtungen, wie sie z. B. in den Ueberschriften meh-
rerer Urtheile von Bremen [9] sich findet, welche lauten:
to sache scal men holden und lesten, legt jedoch
die Vermuthung nahe, dass mit dem einen und andern
Ausdrucke trotz ihres verwandtschaftlichen Inhaltes ein
besonderer Gedanke sich verbunden habe; ist dies
doch eine gewöhnliche Erscheinung bei den in der
deutschen Rechtssprache so beliebten Tautologieen:

Bestärkt wird diese Vermuthung dadurch, dass
mehrfach die eine Verpflichtung durch die andere begründet wird; so im kleinen Kaiserrechtsbuch, wo es
II, 39 heisst: Welch man eim manne icht gelobet, daz
sol er im stete halden, wan er ist ez im schuldig,
sint in des riches recht gesc. stet: wer dem andern
icht gelobt, der ist ez im schuldig zu geben, und
umgekehrt ferner in dem baierischen Landrecht vom
Jahre 1756, welches IV, 1 §. 9 unter Nummer 1 sagt:
Die Wirkung eines Pactums überhaupt ist 1[0] auf Seite
des Versprechers die Obligation, das Versprechen zu
erfüllen, während die hierzu gemachte Anmerkung
diese Wirkung motivirt mit den Worten: Versprechen
macht halten.

Welche besondere Bedeutung es aber gewesen
sei, die deutscher Sinn in die Verpflichtung, ein Ver-

---

[9] S. ord. 83 und 123 bei *Oelrichs*, Sammlung alter und
neuer Gesetzbücher von Bremen, S. 198. 216.

sprechen zu halten, gelegt hat, darüber werden wir
anlässlich des Reuerechtes belehrt, welches, unter gewissen Voraussetzungen im deutschen Rechtsleben
namentlich der früheren Zeit begründet, das Gegen-
stück oder Widerspiel zu jener Verpflichtung bildet.

§. 4.
Das Reuerecht.

Der Werth, welchen das Reuerecht[1] an dieser
Stelle und auch später für unsere Beweisführung hat,
sowie der Umstand, dass demselben in unserem Jahrhundert eine besondere Darstellung nicht gewidmet
worden ist, wird es rechtfertigen, wenn im Folgenden

---

[1] Das Reuerecht verhält sich zu dem im Geschäftsverkehre
gegebenen Worte wie das Recht der Erholung und Wandelung zu
dem vor Gericht gesprochenen Worte. Vgl. hierüber *Siegel*, die
Erholung und Wandelung im gerichtlichen Verfahren, Sitzungs-
berichte der kais. Akademie XLII (1863), S. 201 ff. — Wenn die
Treue, Mannessinn und Ehrbarkeit als Grund der Unwiderruflichkeit
auch für das Versprechen angeführt werden (vgl. ausser den Sprichwörtern „ein Mann ein Wort" u. s. f. das von *Ulrich Zasius* ver-
fasste Freiburger Stadtrecht vom J. 1520 im zweiten Tractat von
den Contracten: Welcher dem andern etwas mit bedachtigkeit zu-
sagt, es sey mit blossen worten oder andern zusagungen . . ., so
soll derjehn, der zugesagt hat, sein zusagen halten und mag mit
recht darzu gezwungen werden, dann es gepürt sich menschlicher
erbarkeit, das man glauben halte), so gilt dies übrigens nicht etwa
von dem blossen Versprechen im Gegensatze zu dem angenommenen Versprechen.

ausführlicher und mit quellenmässiger Begründung darauf eingegangen wird.

Der Vertrag, bei welchem das Reuerecht in allgemeiner Verbreitung ehedem sich fand und vereinzelt auch gegenwärtig noch sich findet, ist das Kaufgeschäft; eine weitere Anwendung bei „Pact, Miete oder Dienst" wurde demselben ausdrücklich nur in dem revidirten lübischen Rechte gegeben.[2]

„Mit Reukauf kann man erfüllen, was man nicht bezahlen will," sagt das Sprichwort[3] mit einer Sprichwörtern eigenthümlichen geschraubten Ausdrucksweise. Auch dachte und sprach sein Urheber vom Standpunkt des Käufers, während das Reuerecht in aller Regel[4] nicht blos diesem, sondern beiden Theilen, auch dem Verkäufer zukam.

Die Zeit, wie lange, und die Bedingungen, unter welchen das Reuerecht begründet gewesen, waren jedoch keineswegs überall gleich. Bei aller Mannigfaltigkeit in der Rechtsbildung fehlt es indess nicht an einem einheitlichen Zuge. Allenthalben tritt ein Zusammenhang zwischen dem Reuerecht und der Arrha zu Tage,

---

[2] Wenn es in dem von *Sebastian Brand* mit neuem Aufmutz herausgegebenen richterlichen Klagspiegel 74 heisst: in geselschaft hat reu stat, so bezieht sich dieser Satz auf das Kündigungsrecht des socius.

[3] *Graf* und *Diether*, deutsche Rechtssprichwörter, S. 243, N. 121.

[4] S. übrigens unten Note 17.

mochte nun letztere in einem Gottespfennig oder trockenen Leitkauf gegeben, beziehungsweise als nasser Weinkauf getrunken werden.[5] Freilich erweist sich dieser Zusammenhang als ein äusserlicher; denn verschieden ist die Rolle, welche die Arrha in dem Verhältnisse spielt. Diese Verschiedenheit hat bekanntlich ihren Ausdruck gefunden in der Unterscheidung einer arrha confirmatoria und poenitentialis.

Für die Regel bestand nämlich das Reuerecht nur so lange nach geschlossenem Kaufe, als nicht das Haftgeld gegeben und genommen oder der Leitkauf gemeinsam getrunken war. Sobald das Geschäft auf die eine oder andere Weise bestärkt worden, musste jeder Theil sein Versprechen halten. Dieses Recht galt erweislich in Baiern, in Oesterreich und die Donau hinab bis in das Ungarland, nicht minder galt es an der Nord- und Ostsee und im Innern der sächsischen Erde.

Die hiefür zu Gebote stehenden Zeugnisse lasse ich geordnet nach der von ihnen gebrauchten Ausdrucksweise, welche später zu verwerthen sein wird, folgen.

---

[5] Ueber die gleiche rechtliche Bedeutung des Gottes- und hl. Geistpfennigs s. Lüb. R. 72 (Cod. I); über den trockenen und nassen Weinkauf: *Grimm*, Weisthümer 2, 581 Z. 22 ff., vgl. 582 a. E.; über die Bezeichnung Toppschilling: *Grimm*, RA. 605; über den Unterschied zwischen mercipotus und oringe s. Hildesheimer Vogteirecht unten S. 30 und Note 18.

Dithmarscher Landrecht von 1447, §. 38: hefft
he denne ghude bewysinge, dat he den gades pennygh
entfanghen hefft, de schal sinen kop holden.[6]

Burgersprach zu Bielefeld vom Jahre 1578: Alle
die Jenige die Wibbolde oder Stadtgueder kauffen
oder verkauffen, davon zu beider seiden Gottespennig
gegeben und entpfangen oder Weinkauff in beisein
gueter Leute zu beiden Seiten gedrunken, solch kauf
soll zu beiden theilen gehalten werden.[7]

Wiener Weichbildbuch Art. 61: Chauft ein man
ein chaufmanschaft, welcherlai es ist, und geit ein
gotzphenning daran, er mues den selben chauf stet
haben und mag sein nicht widerchomen, er nem daran
schaden oder früm. Es sei dann, daz seu paidenthalben
der hingeber und der chaufer sich des chaufes anen
wellen mit gueten willen, so get der chauf wol wider.
Ist awer, daz ir ainen der chauf geräuet, es sei der
hingeber oder der chaufer und den andern nicht, so
mag der chauf nicht widergen und mues stet bleiben.[8]

---

[6] Diese Bestimmung ist allerdings nur mittelbar beweisend,
indem sie sich zunächst auf den Fall bezieht, dass der Abschluss
des Kaufes bestritten wird.

[7] *Walch*, vermischte Beiträge III, S. 69. — Ebenso schreibt
auch das Eckernförder Stadtrecht c. 26 vor, dass, wer auf einen Kauf den
Gottespfennig empfangen hat, schuldig ist, solchen Kauf unwiderruflich zu halten. *Esmarch*, Schleswig'sches bürgerl. Recht S. 411.

[8] Vgl. übrigens in Betreff eines Tuchkaufes Art. 72: Ist das
ein man chaufet gwant wider hantsneider vier ellen oder schechs
... und geit im einen gotzphenning daran und chumpt dar nach

Hildesheimer Vogteirecht: Si quis aliquid emit et dat mercipotum, nec emtor nec venditor possunt revocare.[9] Privileg für Passau vom Jahre 1225: Quicunque rem aliquam emerit et in ipsas arram, que leichauf dicitur, tradiderit venditori, nec emptor nec venditor huius potest revocare contractum.[10]

Purgoldt's Rechtsbuch[11] III, 35: Wer do kouffet adder verkouffet, werdet deme dez kouff darnach un-ebenn er danne die kouffschatze von eme geandelogt werdenn adder er dan sie iener enphet adder er das geilt bezcalet werdet, her mag en widderzcihen adder lassen. Ist es aber das der kouffer etwas doruff gibt adder des winkouff trincket, szo mag man den kouff mit rechte nicht widderzcihen, wan dith ist eyn gezcugnisse eynes bestendigen kouffes. Dith ist das be-schriebin recht und steth institut. li. III tit. XXIV.[12]

hin wider nicht, also daz in der chauf leicht gerauen hat, ist dann daz der hantsneider das tuech nicht hat abgesniten, so chümt er dez chaufs wol wider . . . Der Text des Wiener Rechtsbuches ist citirt nach der gleichzeitig erscheinenden kritischen Ausgabe, welche einen meiner Schüler, Dr. *Heinrich Schuster*, zu ihrem Urheber hat.

9 *Grupen*, origines et antiqu. Hanover. p. 234.

10 Monumenta boica XXVIII, 313.

11 Dass dieses Rechtsbuch übrigens nicht *Johann Purgoldt*, der um das Jahr 1490 Stadtschreiber zu Eisenach war, beizulegen sei, sondern von *Johannes Rothe* aus Kreuzburg in Thüringen aus dem Anfange des 15. Jahrhunderts stamme, darüber s. *Bech* in *Pfeiffer's* Germania VI, 1 S. 22 ff.; 3 S. 53.

12 Es braucht kaum bemerkt zu werden, dass das römische Rechtsbuch nichts von dem „Rückzugsrechte" und seiner Aus-schliessung durch die arrha enthält.

Hamburger Stadtrecht von 1270. VI, 27: So wanne een man koft enen kop vnde godespenyng darup gift, de kop schal to rechte stede wesen, is it varende haue.[13] Ofener Stadtrechtsbuch 375: Wer einen kauff thuet vmmb farund hab, der da pestetiget wirt mit einem gotes pfennig, der selbig kauff musz stetig seynn zu gewyn vnnd zu schaden. Das so mannigfach bezeugte Recht war zweifellos das gemeine Recht der deutschen Leute. Nur unter dieser Voraussetzung ist die Verwerthung erklärlich, welche die beschriebene Rechtssitte wiederholt bei Dichtern gefunden hat, um dem Gedanken von der Unabwendbarkeit des Todes einen anschaulichen Ausdruck zu geben.

>Nit anders ist der welt lof
>Wir hant sin truncken den winkoff
>Der niemer mer wider gat
>Und iemer me am end stat

lehrt ein Gedicht von des Lebens Nichtigkeit,[14] und

>Der winkouff ist gedruncken schon
>Wir mögen nit dem kouff abston
>Die erste stund, die lest ouch bracht

spricht *Sebastian Brand* in seinem Narrenschiff.[15]

---

[13] Gleichlautend das Stadtrecht von 1290 G, XXII; von 1497 L, V. M, XIII, und übereinstimmend die Statuten von Riga LXXXIV und von Staden II, 26 bei *Pufendorf*, observat. app. III, 249. 250.
[14] In *Lassberg's* Liedersaal 3, 574 v. 71 ff.
[15] In *Zarncke's* Ausgabe S. 85 v. 17 ff.

Kaum eine Abweichung von dem betrachteten
gemeinen Rechte enthält das lübische Recht, wo die
Reue auch noch nach der Gabe und Annahme des
Gottespfennigs statthaft war, sofern sie nur auf der
Stelle oder unverwandten Fusses, d. h. so lange die
Parteien noch nicht von einander geschieden waren,
geltend gemacht wurde. Dabei durfte die gegebene
Arrha zurückgefordert und musste das empfangene
Haftgeld wiedererstattet werden. Die Arrha schloss also
hier die Reue nicht aus; andererseits war sie aber auch
nicht ein Reukaufsgeld, eine Reubusse oder Wandelpön.
Lübisches Recht bei Hach S. 207: Si vero uni
eorum emtio displicet, antequam pedem mutaverit,
denarium sancti spiritus restituere aut recipere poterit,
quod pede mutato facere neuter eorum poterit. Re-
vidirtes lüb. Recht III, 6. 6: Wann einer auff gethanen
Kauff, Pact, Miete oder Dienst den Gottespfennig oder
Arrham gibt, so ist solches alles kräfftig, es wäre dann,
dass also fort, bald und ehe sie scheiden in continenti
die Arrha wiederum zurückgegeben und gefordert
würde.[16]

[16] Uebereinstimmend hiermit das Friedrichstädter Recht in
Schleswig P. II. sect. 2. tit. 8. art. 6, *Esmarch* a. a. O. S. 410.
— S. auch mit Rücksicht auf eine Sühne oder einen Vergleich das
Weisthum von Tholey im Trierischen bei *Grimm*, Weisth. 3, 764:
Item ist der scheffen beladen, so zwoe einen missel hetten vnnd
sich mit einander soindten vnnd raichten, ob auch einer vnder denen
dauon abzustehen hette, vnnd das mit recht? Darauff hat der scheffen
erkhandt mit recht, was veranlaist, verburgt vnnd gesoinnt seye,

Nach manchen Orts- und Landesrechten aber, und damit betreten wir eigentlich erst das Gebiet des Sonderrechtes, verband sich allerdings mit ihr diese Bedeutung. Die Reue war auch nach der Bestärkung des geschlossenen Kaufes durch die Arrha noch zulässig; die Freiheit musste indess erkauft, der Wandel gebüsst werden. [17] Gewöhnlich war das Entgeld so bestimmt, dass der Käufer, den der Kauf gereute, die geleistete Angabe verlor — er liess sie „fallen", wie noch heute das Volk sagt — und der zurücktretende Verkäufer die empfangene Arrha in doppeltem Betrage erstatten musste. [18]

---

solle stock stoeth gehalten werden, es seie dann sach, dass einer vnverwandts fuiss widerspreche vnnd binnent neun tagen darinn fortfuhre.

[17] Nach der allerdings mangelhaft überlieferten l. Visigoth V, 4 c. 4: Si arris datis precium non fuerit impletum. Qui arras pro quacunque re acceperit, id cogatur implere quod placuit. Emptor vero si . . . precium tempore definitivo percomple(re non) voluerit, arras tantummodo (ergänze: non) recipiat, quas dedit et res definitiva non valeat, scheint die Arrha ein Haftgeld für den Verkäufer, ein Reugeld für den Käufer gewesen zu sein. — l. Baiuvar. XV, 10: Qui arras dederit pro quacunque re, pretium cogatur implere, quod placuit emtori = Benedicti capit. V, 363 ist unverständlich.

[18] S. z. B. das Hildesheimer Vogteirecht: Si quis aliquid emit et aliquam summam super eo dederit, quod dicitur oringe, si idem vult retractare, ipse amittit summam, quam dedit, et potest cessare; si vero venditor retractare voluerit, ipse summam quam accepit, restituet et postea duplo restituet ipsam summam, que dicitur oringe. — Bekanntlich war in Rom durch eine kaiserliche Constitution dieselbe Folge festgesetzt worden, wenn eine Arrha

Während jedoch unter diesen Bedingungen das Reuerecht nach dem Eiderstedter Landrecht längstens am andern Tage geltend gemacht werden musste, [19] ist in dem würtembergischen Landrechte vom Jahre 1610 eine solche zeitliche Schranke nicht gesetzt. Doch wo ein Arrha oder Hafftpfenning auff den Kauff gegeben oder Weinkauff getrunken worden, soll der Käuffer, so er abtretten will, den Hafftpfenning verlohren haben wie auch den gantzen Weinkauff allein bezahlen. So aber der Verkäuffer begehrte vom Kauff abzustehen, soll er dem Käuffer neben Bezahlung dess Weinkauffs den Hafftpfenning doppelt wieder hinauss zu geben und zu erstatten schuldig sein. [20]

Bei der localen Rechtsbildung auf deutschem Boden wird es ferner nicht befremden, dass auch hinsichtlich der Bedingungen, unter denen das entgeldliche Reuerecht nach bestärktem Vertrage geltend zu

mit Rücksicht auf einen erst abzuschliessenden Vertrag gegeben wurde (s. g. arrha contractu imperfecto data) und Einer von der Beredung zurücktrat. Wegen dieser Uebereinstimmung und weil ein Statutenbuch vom Jahre 1572 auf das römische Recht sich beruft, wird man jedoch schwerlich berechtigt sein, mit *Walter*, deutsch. Privatrecht S. 289, das entgeldliche deutsche Reuerecht als aus einem Missverständniss des römischen Rechtes hervorgegangen zu betrachten.

[19] Vgl. das. Theil II, 19 §. 4 ff. *Esmarch* S. 409.

[20] Th. II. tit. 9. Bei Kauf und Verkauf unbeweglicher Güter war übrigens als längste Frist die von 14 Tagen bestimmt. Vgl. II, 13.

machen war, von der Regel abweichende Variationen
sich finden. Dem Schleswiger und Apenrader Stadtrecht genügt, falls der Käufer den Kauf nicht halten
will, der Verlust der Arrha als Wandelbusse nicht; er
soll ausserdem sechs Schillinge dem Verkäufer zu ent-
richten schuldig sein.[21] Und das Haderslebener Stadtrecht setzte eine nach dem Werthe des Kaufgegen-
standes sich abstufende grössere und kleinere Pön fest,
welche derjenige verwirken sollte, welcher zurücktritt,
nachdem ein Gottespfennig gegeben oder ein Weinkauf
getrunken worden war.[22]

Um von der Vielgestaltigkeit, in welcher das Bedürfniss nach einem Reuerechte beim Kauf befriedigt
wurde, ein möglichst anschauliches Bild zu geben, mag
schliesslich der eigenthümlichen Art gedacht werden,
wie ein ehrsamer Rath von Ingolstadt mittelst einer
Verordnung vom Jahre 1393[23] Hilfe zu schaffen suchte.
Der Umstand, dass ungewöhnliche Käufe, zu unred-

---

[21] Würde ein Weinkauf getrunken und keine Arrha gegeben
worden sein, so soll der vom Handel Abgehende den Weinkauf
bezahlen; doch scheint es, dass, wie *Esmarch* S. 410 mit Grund
bemerkt, diese letztgedachte Zahlung allein nicht genügt.

[22] Die Pön beträgt 18 Pfennige oder 3 Mark, je nachdem
der Kaufgegenstand 3 Mark oder weniger, beziehungsweise mehr
als 3 Mark werth ist. — Ueber das dänische Recht vgl. *Kolderup-
Rosenvinge*'s Grundriss der dän. Rechtsgeschichte, übersetzt von
Homeyer, S. 99 ff.

[23] Dieselbe fand als Art. 448 in das Münchener Stadtrecht
(bei *Auer*) Aufnahme.

licher Zeit und in Trunkenheit abgeschlossen, sich bemerkbar machten, veranlassten die Bestimmung, dass in Zukunft jeder Verkäufer von Erbe und Eigen „sol dem kauf wandel dingen von ainem mittem tag ze dem andern und daz wandel sol ietweder der kauft oder verkauft haben, den kauf ab ze sagen ob er wil. Und swelher also ab sagt, der ist disem, dem er ab gekauft hat, nichts schuldig, dann ainen redlichen leitkauf sol er geben; waer aber, daz nicht wandel an dem kauf gedingt wurd, so hat ains ieglichen hausfrau der kauft und verkauft, den kauf von einem mittem tag zu dem andern auch abzusagen".

Die gewaltige Veränderung, welche der Rechtszustand in Deutschland mit der Reception des römischen Rechtes erfuhr, ergriff auch das Reuerecht.

Das Reuerecht in seiner gemeinrechtlichen Anwendung entfiel, ohne aufgehoben zu werden, in Folge der durchaus verschiedenen Bedeutung, welche im Gegensatz zu dem deutschen Gottespfennig oder Weinkauf der römischen Arrha zukam. Lag jener Gabe der Gedanke zu Grunde, dass sie das Rechtsgeschäft erst zu einem stetigen mache und eine beiderseitige unwiderrufliche Haftung begründe, war sie ein Haftgeld im eigentlichen Sinne: so verband sich mit dieser nur der Zweck, den Beweis des consensus, womit der Vertrag unabänderlich bereits geschlossen war, zu erleichtern.[21]

---

²⁴ Pr. J. de empt. et vendit. 3, 23: Emptio et venditio contrahitur simul atque de pretio convenerit, quamvis — ne arrha

Es begreift sich, dass bei diesem Zwecke dem Reuerecht, auch wenn der Vertragsschluss und die Gabe
der Arrha zeitlich auseinanderlagen, der Boden entzogen war.[25] Das entgeldliche Reuerecht aber oder die Behandlung der Arrha als Reugeld wurde, wo sie üblich war, in
aller Regel durch die nach der Reception des römischen
Rechtes in Wirksamkeit getretene Stadt- und Landes-
Gesetzgebung für die Zukunft ausgeschlossen. Ein für
diese Richtung der Gesetzgebung charakteristisches
Beispiel bieten die Langensalzaer Statuten vom Jahre
1566,[26] wo es heisst:

Darzu soll auch der Gottes Pfennig anders
nicht wenn zu einer Bestätigung des Kauffes und
nicht des einigen Theil dadurch von denselbigen
abzutreten vorbehalten gegeben und genommen
werden. Und da gleich Käuffer oder verkäuffer
deshalb ausdrücklich nichts abgeredet noch gehan-

quidem data fuerit. Nam quod arrhae nomine datur, argu-
mentum est emptionis et venditionis contractae. fr. 35 pr. de
contrah. empt. 18, 1: Quod saepe arrhae nomine pro emptione
datur, non eo pertinet, quod sine arrha conventio nihil proficiat:
sed ut evidentius probari possit, convenisse de pretio.

[25] Dagegen wurde ihm durch die Landesgesetzgebung da,
wo bei einem Kaufvertrag über Immobilien die gerichtliche Insinua-
tion gefordert worden ist, eine neue Anwendung für die Zeit zwischen
dem Abschluss des Kaufes und der Vornahme der gerichtlichen
Handlung gegeben. Vgl. z. B. Altbad. Landr. IV. 8. §. 1.
Würtemberg. Landr. II, 13. Pfälz. Landr. II, 7.

[26] Bei *Walch*, verm. Beiträge 7, 277. 278.

delt hätten, so soll es doch dahin verstanden werden, dass kein theil ohne des andern bewilligung von dem Kauff abstehen möge.

In Folge solcher Umbildung und Wandelung muss, wenn heutigen Tages in dem Gebiete des gemeinen oder in einem Lande des codificirten Rechtes ein entgeldliches Reuerecht begründet sein, beziehungsweise die Arrha die Natur einer Reubusse haben soll, dies durch ausdrücklichen Vertrag festgesetzt werden,[27] es sei denn, dass im Bereiche des gemeinen Rechtes an einem Orte oder in einem Lande das alte singuläre Recht ausnahmsweise sich erhalten hätte.[28]

Nicht nachdrücklich genug kann aber hervorgehoben werden, dass die Verdrängung des früheren unentgeldlichen Reuerechtes und die häufige Ausmer-

---

[27] Für das codificirte Recht vgl. Bayer. Landr. IV, 1 §. 11 Nr. 1. Preuss. Landr. 1, Tit. 5. §. 210—211, vgl. §. 312 ff. Oesterr. Gesetzb. §. 909. 910. Sächs. Gesetzb. 897. — Für das gemeine Recht vgl. die Lehr- und Handbücher des deutschen Privatrechtes von *Runde* §. 187. *Goede* p. 129. *Krüll* §. 299. *Schmalz* §. 260 a. E. *Phillips* I, S. 508. *Maurenbrecher* II, §. 457 Note 14. *Mittermaier* II, §. 280. *Hillebrand* S. 314. *Gengler* S. 367, und das a. deutsche Handelsgesetzbuch §. 285.

[28] Dies ist z. B. der Fall in Würtemberg, vgl. *Reyscher*, würtemb. Privatrecht II, §. 413, an einzelnen Orten im Schleswig'schen, vgl. *Esmarch*, schleswig. bürgerl. Recht S. 409 ff., in Sachsen-Weimar bei Versteigerungen, vgl. *Sachse*, grossh. sächs. Privatrecht §. 407 vgl. §. 428, in hessischen Gegenden nach *Mittermaier* II, §. 280 Note 12 und *Thomas*, fuld. Privatrecht III, S. 58.

zung des entgeldlichen aus dem Rechte der Gegenwart keineswegs das Lebensprincip des Reuerechtes überhaupt vernichtet hat. Ist doch in neuester Zeit durch die allgemeine deutsche Handelsgesetzgebung dem Reuerecht bei Verträgen,[29] welche unter Abwesenden geschlossen werden, eine neue Anwendung gegeben worden.

Trifft die rechtzeitig abgesandte Annahme erst nach dem Zeitpunkte ein, in welchem der Antragende bei ordnungsmässiger rechtzeitiger Absendung der Antwort den Eingang der letzteren erwarten darf, so besteht der Vertrag nicht, wenn der Antragende in der Zwischenzeit oder ohne Verzug nach dem Eintreffen der Annahme von seinem Rücktritte Nachricht gegeben hat.[30]

Diese Bestimmung normirt nur einen von zwei möglichen Fällen. Sie gilt unter der Voraussetzung, dass die verspätet eingetroffene Annahme rechtzeitig abgesendet worden sei. Nun kann aber das verspätete Eintreffen seinen Grund auch in einer verspäteten Absendung haben, und es entsteht zunächst die Frage, was als das Recht für diesen anderen Fall sich ergebe.

So nahe es liegt, aus obiger Bestimmung zu folgern, dass in dem zweiten Falle der Vertrag unbedingt nicht bestehe, worauf dann die weitere Behauptung gegründet wird, dass ein Antrag nach Ablauf der

---

[29] Ueber das Reuerecht bei Versprechen s. §. 7 Note 4 a. E.
[30] HGB. 319 Abs. 2.

Erklärungszeit in der Regel erloschen sei,[31] so unrichtig ist dieser Schluss. Der Fortbestand, beziehungsweise das Erlöschen einer Offerte kann nicht abhängig gemacht sein von der rechtzeitigen und verspäteten Absendung der Annahmeerklärung.

Unrichtig ist ferner die Folgerung, dass in dem zweiten Falle der Vertrag unwiderruflich bestehe.[32] Dabei wird übersehen, dass der Offerent doch unmöglich schlechter gestellt sein kann gegenüber demjenigen, welcher die Verspätung verursacht hat, als er gestellt ist gegenüber dem, ohne dessen Schuld die Verspätung eintrat.

Der allein zulässige Schluss ist der, dass auch in diesem andern Falle der Vertrag nicht bestehe, wenn der Antragende von seinem Rücktritte Nachricht gegeben hat, ohne dass jedoch diese Rücktrittserklärung — von der Zwischenzeit ganz zu schweigen — unverzüglich nach dem Eintreffen der Annahme erfolgt sein müsste.

Nach der Absicht des Gesetzgebers sollte also, wenn eine Annahmeerklärung nicht rechtzeitig eintrifft, die Entscheidung, ob der Vertrag bestehen solle oder nicht, dem Offerenten anheimgegeben sein. Das einzige

---

[31] S. *Regelsberger* a. §. 7 Note * a. O. S. 77: Die Beschränkung, welche 319 Abs. 2 beifügt, hat aber das Erlöschen des Antrages als Regel zur Voraussetzung, sonst (?) würde ein Widerruf nach Empfang der Annahmeerklärung nicht wirksam sein.

[32] So *Hauser* a. §. 7 Note * a. O. S. 119 lit. c.

Gebot, welches der Gesetzgeber demselben in gerechter Rücksichtnahme auflegte, war dies, dass er von der negativen Entscheidung dann unverzüglich Nachricht gebe, wenn die Annahme rechtzeitig abgesendet worden war und nur verspätet eingetroffen ist. Führt man aber diese theils ausdrücklich, theils stillschweigend ausgesprochenen Sätze auf die entsprechenden Rechtsbegriffe zurück, so muss man sagen: Der Offerent hat nach dem Handelsgesetzbuch bezüglich eines durch eine verspätet eingetroffene Annahme entstandenen Vertrages das Reuerecht. Und zwar ist dessen Geltendmachung an keine zeitliche Schranke gebunden, es sei denn, dass trotz rechtzeitiger Absendung die Annahme verspätet eintrifft, in welchem Falle das Reuerecht ohne Verzug ausgeübt werden muss.[33]

§. 5.

Die Gebundenheit an's Wort.

Wir gelangen nach dieser längeren Ausführung über die Voraussetzungen, unter denen das Reuerecht bestand, die Geschichte, die es erfahren, und die Anwendung, in der es noch sich findet, zum Schlusse.

---

[33] Man vergleiche dagegen, wie *Thöl*, Handelsrecht 1, S. 369, ausgehend von der übrigens unhaltbaren (s. §. 7 Note 4) Ansicht, dass mit Ablauf der Wartezeit ein Antrag erloschen sei, das Sachverhältniss ausdrückt: Jedoch muss der Antragende, wenn hinterher eine rechtzeitig abgesandte Annahme bei ihm eintrifft, ohne Verzug

Bei Feststellung der Bedingungen, unter denen
das Reuerecht entfiel, gebieten einige der Rechtsquellen, dass Jemand sein Wort nunmehr halten solle,
während andere dessen Widerruf, ein Zurückziehen
oder Zurückkommen von demselben, ein Abstehen,
Abtreten oder die Absage verbieten und noch andere
verfügen, dass das Versprechen fortan stät, giltig und
kräftig bleiben müsse.[1]

Ein Wort halten sollen oder, wie wir auch sagen
dürfen, die Gebundenheit an's Wort bedeutete demnach, dass letzteres nicht zurückgenommen werden
konnte und zwar in dem Sinne, dass eine Zurücknahme wirkungslos war. Der Gedanke, dass das Versprochene auch zu leisten sei, blieb zunächst dabei

nach dem Eintreffen die Erklärung absenden, dass er den Vertrag
nicht wolle, nicht von Neuem wolle, widrigenfalls wird die rechtzeitig abgesandte Annahme als eine bei ihm rechtzeitig eingetroffene
behandelt.

[1] Man sehe insbesondere die auf S. 29 – 31 nach Massgabe
ihrer Ausdrucksweise zusammengestellten Belege. — In gleichem
Sinne gebraucht die heutige Geschäftssprache die Redensart, dass
man im Worte bleiben wolle oder solle, während die neuere Ge-
setzessprache der Wendungen sich bedient, dass das Versprechen
nicht zurückgenommen werden könne (Oesterr. Gesetzb. 862;
Preuss. Landrecht I, 11 §. 989; II, 8 §. 997, vgl. 998; A. deutsche
WO. 21 Abs. 4), dass der Versprechende nicht zurücktreten (Preuss.
Landr. I, 5. §. 11. 103; Oesterr. Gesetzb. 865) oder widerrufen
könne (Sächs. Gesetzb. 816; Deutsch. Entwurf 686; Hess. Entw. 81),
dass er gebunden sei (A. deutsch. Handelsgesetzb. 319; Deutsch.
Entwurf 25. 45. 47. 53; Hess. Entw. 81; Bayerisch. Entw. II, 8).

ausser Betracht. [2] Die Verpflichtung, ein Versprechen
zu erfüllen, erschien, was sie bei der einfachen Gestaltung des Verkehrs, in dem Schuldverhältnisse nur
unter Gegenwärtigen und durch ein directes Versprechen gegenüber demjenigen, welcher es annahm, begründet wurden, als die selbstverständliche und nothwendige Folge der Verpflichtung, das Versprechen zu
halten. Ein Umstand, welcher, wie nebenbei bemerkt
werden mag, ebenfalls zu der früher so häufigen Identificirung der beiden Verpflichtungen und der damit
zusammenhängenden, vielfach bezeugten Ununterschie-
denheit im Sprachgebrauch beigetragen haben mag.

Da nun aber die beiden Verpflichtungen auch heutigen Tages noch regelmässig zusammentreffen, um Hand
in Hand mit einander zu gehen, so könnte es kaum befremden, wenn selbst in der Gegenwart ein Laie die gemachte
Unterscheidung mit Misstrauen aufnehmen und die Frage
stellen würde: wozu soll es frommen, das Haar zu spalten
und die Worte so, wie geschehen, zu klauben? kurz, wenn
er eine Spitzfindigkeit in der Unterscheidung erblicken
würde, deren Werth er nicht abzusehen vermag.

---

[2] Wenn *Mittermaier*, deutsch. Privatrecht II, S. 28, der
Befugniss, „sich mit Verlust des Gottespfennigs von der Haltung
des Vertrages loszumachen", den Reukauf „als die Befugniss, sich
durch Erlegung einer gewissen Summe von der Erfüllung eines
geschlossenen Vertrages loszumachen", gegenübersstellt, so ruht der
Schwerpunkt des Unterschiedes, welcher hier herausgehoben werden
soll, nicht auf den von uns durch den Druck ausgezeichneten, mehr
zufällig gebrauchten verschiedenen Ausdrücken.

44

Ein anderes Urtheil aber darf von dem Juristen
erwartet werden, dem die mehrfachen Bezüge vor
Augen stehen, in welchen heutigen Tages die beiden
Verpflichtungen trotz ihres regelmässigen parallelen
Laufes denkbarer Weise auseinandergehen.

Ein Punkt möglicher Zweiung wurde bereits hervorgehoben. Die Verpflichtung, ein Wort zu halten,
kann begründet sein, ohne dass eine bestimmte Person
als Berechtigter gegenübersteht,[3] während die Verpflichtung, ein Wort zu erfüllen, diesen Thatbestand
zur nothwendigen Voraussetzung hat.

Ferner ist es denkbar, dass Jemand verpflichtet
ist, ein gegebenes Wort zu halten, ohne dass gleichzeitig eine Verpflichtung, dasselbe zu erfüllen, besteht[1]
oder überhaupt je entsteht.[5]

Endlich kann es sein, dass gleichzeitig oder suc-
cessive ein Anderer derjenige ist, dem das Versprechen
gehalten, ein Anderer derjenige, dem das Versprechen
erfüllt werden muss.[6]

Wann immer aber die Verpflichtung, im Worte
zu bleiben, für sich oder mit einem von der Verpflich-

---

[3] Dies ist der Fall bei der Auslobung.

[4] Ich verweise auf das Wechselaccept vor seiner Aushändigung.

[5] Man nehme die Offerte unter Abwesenden, das Versprechen
(mit und ohne Annahme) einer Bedenkzeit bei Offerten, das s. g.
hinkende Geschäft, das Steigerungsgebot und die Auslobung.

[6] Dies ist der Fall bei dem ausgehändigten Wechselaccepte
und den s. g. Verträgen zu Gunsten Dritter.

tung, das Versprochene zu leisten, gesonderten Bezuge
begründet ist: niemals besteht sie um ihrer selbst
willen, sondern stets nur mit dem Zwecke, die Entstehung der andern zu ermöglichen, vorzubereiten und
zu sichern. Sie ist durchaus präparatorischer Natur
und trägt einen provisorischen Charakter, während in
der andern das definitiv Gewollte sich darstellt.

§. 6.

3. *Das Versprechen als möglicher Verpflichtungsgrund.*

Durch die bisherigen Untersuchungen ist, wie wir
glauben, hinreichend der Boden geebnet für die Aufstellung des Satzes, dass im deutschen Rechtsleben der
Gegenwart ausser dem Vertrage auch ein blosses Versprechen der Verpflichtungsgrund sein könne. [1]

---

[1] Was für das heutige Recht hier zunächst als Möglichkeit
behauptet wird, wurde vor Jahrhunderten bereits als Thatsache
und zwar als eine allgemein giltige Thatsache vertheidigt für das
canonische Recht von *Panormita* und *Fortunius*, während die gemeine Meinung, durch *Felinus* und Andere vertreten, allerdings
entgegen war. Ferner wurde vor *Hugo Grotius* die verpflichtende
Kraft des blossen Versprechens geltend gemacht als Naturrecht (vgl.
das Buch de jure belli ac pacis II, c. 11 c. 14: quae ratio quosdam
induxit, ut iure naturae solum promittentis actum sufficere judica-
rent), und von Vielen, z. B. von *Rodericus Xuarez*, *Didacus Perez*
u. A. auch als ein Satz des positiven, im Königreich Castilien giltigen Rechtes in Anspruch genommen. Vgl. *Molina*, de justicia et
jure t. II, disp. 263 qu. 9. 10. 11.

Genauer betrachtet schliesst diese Behauptung zwei verschiedene Sätze in sich: den einen Satz nämlich, dass ein blosses Versprechen seinen Geber unter Umständen verpflichte, es zu halten, und den weitern Satz, dass ein blosses Versprechen den, von dem es herrührt, unter gewissen Voraussetzungen auch verpflichte, es zu erfüllen.

Die aufgestellte Behauptung widerspricht in ihren beiden Theilen der herrschenden Anschauung. Willig beugt sich das juristische Denken unter die Herrschaft zweier Dogmen, welche Banden gleich dasselbe gefangen halten. Im Interesse der Einfachheit und zugleich um grösserer Bestimmtheit willen mag es gestattet sein, diese beiden Dogmen durch Paragraphen geltender Gesetzbücher zu belegen.

Das erste Dogma lautet, dass ein Versprechen für sich nothwendig widerruflich sei oder eine Verpflichtung, es zu halten, nicht zur Folge haben könne.

Vgl. preussisches Landrecht I, 5 §. 5: Blosse Gelübde haben als blos einseitige Versprechen nach bürgerlichen Gesetzen keine Verbindlichkeit.

Sächsisches Gesetzbuch §. 771 : Das einseitige Versprechen einer Leistung unter Lebenden ist unverbindlich.

Das andere Dogma besagt, dass aus einem unangenommenen, wenngleich nicht widerrufenen Versprechen eine Verpflichtung zu seiner Erfüllung nicht entstehen könne.

Vgl. bayerisches Landrecht IV, c. 1 §. 2: So
lange die Zusage nicht acceptirt ist, sondern in
Terminis eines einseitigen Versprechens bleibt, so
lange wird sie auch nur eine Pollicitation genannt
und ziehet keine Verbindlichkeit (obligatio personalis
vgl. §. 1) nach sich.

Beide Dogmen entbehren jedoch der inneren Begründung, was zunächst gegenüber dem zweiten nach-
gewiesen werden soll.

Dass aus dem Wesen des Schuldverhältnisses die
Nothwendigkeit der Mitwirkung des Berechtigten zu
seiner Entstehung nicht abgeleitet zu werden vermag,
erweisen genugsam die Delictsobligationen. Sollte ein
Grund innerer Nothwendigkeit für die concurrirende
Bethätigung des Berechtigten bei der Begründung einer
Obligation durch ein Rechtsgeschäft[2] vorhanden sein,
so könnte derselbe daher nur in der eigenthümlichen
Beschaffenheit oder Structur des letzteren gefunden
werden. Und hier wird man einräumen müssen, dass,
wenn den Römern nur dasjenige Versprechen zur Er-
zeugung' einer Obligation geeignet schien, welches als
Zusage auf eine Nachfrage von anderer Seite sich dar-
stellte,[3] hieraus in der That von selbst der Satz sich

---

[2] Wobei selbstverständlich nur an den einseitig verbindlichen
Vertrag zu denken ist.

[3] Vgl. oben S. 1 ff. An dieser Auffassung hielt man fest.
Daher wurde bei den schriftlichen Aufsätzen, welche blos ein Versprechen enthielten, sofern die Parteien nur gegenwärtig gewesen

48

ergab, welchem der Jurist Paulus in den Worten Ausdruck lieh: ex nuda pollicitatione nulla actio nascitur.[4]
So wenig eine Antwort denkbar ist ohne Frage, ebensowenig konnte nach römischer Vorstellung eine rechts-
erzeugende Zusage ohne Nachfrage gegeben werden.
Halten wir uns zunächst an den Gedanken, dass es
sich in der vorliegenden Frage ausschliesslich um die
Anwendung logischer Gesetze handle, und verfolgen
wir denselben weiter, so ist bei der gegensätzlichen
deutschen Auffassung des Vertrages kein Grund abzusehen, warum der Wille, sich zum Schuldner zu machen,
für sich allein nicht hinreichen sollte zur Hervorbrin-
gung dieser Wirkung, falls nur die Voraussetzungen
eines Schuldverhältnisses, wozu immer ein Berechtigter
gehört, vorhanden sind. Auch in dem Falle eines Vertrages ist das Versprechen ein solches, dass es der
freien Initiative seines Gebers entspringt; die Willenserklärung des andern Theils ist nur eine accessorische
und desshalb nothwendig, weil sie der Versprechende
selbst verlangt; denn hierin liegt das Besondere des-

sind, untergelegt, dass das Versprechen auf eine vorausgegangene Anfrage gegeben worden sei. S. c. 1 C. de contrah. stipulat. 8, 38:
Licet epistolae, quam libello inscruisti, additum non sit, stipulatum
esse cum, cui cavebatur; tamen si res inter praesentes gesta est,
credendum est, praecedentem stipulationem vocem spondentis secu-
tam esse. Vgl. ferner *Paulus*, recept. sent. V, 7. §. 2 = §. 17 J.
de inut. stipulat. 3, 20; fr. 134 §. 2. de V. O. 45, 1; c. 14 C. de
contrah. stip., und *Liebe*, die Stipulation S. 20 ff.
[4] Recept. sent. V, 12. §. 9.

jenigen Versprechens, welches sich als Vertrags-Offerte
oder Angebot gibt. Wurzelt aber das Erforderniss der
Annahme ebenfalls nur im Willen des Versprechenden,
so entfällt jeder Grund, dem bedingungslos gegebenen
Versprechen die Wirksamkeit zu versagen. [5]
Wurde im Bisherigen blos von dem formalen
Gesichtspunkte der Logik aus die Frage erörtert, so
bleibt jetzt noch zu erwägen, ob nicht vielleicht zu-
gleich Gründe der Zweckmässigkeit für die römische
Theorie bestimmend gewesen seien.

---

[5] In der Hauptsache übereinstimmend hat sich bereits *C. A.
Schmidt*, der principielle Unterschied S. 251. 252, geäussert. Der
Rechtsgrund der Obligation, heisst es daselbst, ist das Versprechen
des Promittenten, das demgemäss auch Inhalt und Umfang der
Obligation bestimmt, — der Schuldner muss erfüllen, weil er es
versprochen hat und was er versprochen hat; — und wenn auch
in der Regel, um ein festes Rechtsverhältniss unter den Paciscenten
zu erzeugen, eine Acceptation des Versprechens von Seite des Promissars erforderlich ist, so bleibt doch das Versprechen des Schuldners immer die Basis des ganzen Verhältnisses und zwar so sehr,
dass jene Acceptation nicht schlechthin und unter allen Verhältnissen
nothwendig ist. So z. B. bei Erbverträgen die Acceptation. von
Seite der Dritten, welche ein Erbrecht aus dem Vertrage erwerben
sollen. Auch die Volksansicht legt das Gewicht ausschliesslich auf
das Versprechen, so dass z. B. Laien sich gewöhnlich nur darauf
berufen, der Schuldner habe es versprochen und selten oder nie für
nöthig halten, noch hinzuzusetzen, dass sie das Versprechen auch
acceptirt hätten. — Einverstanden hat sich hiermit erklärt *Jacobi*,
dogmat. Jahrb. IV, S. 283. 284, während seiner Zeit *von Hahn*, die
materielle Uebereinstimmung zwischen den röm. und german. Rechts-
principien 1856, S. 470. 471, Folgendes entgegnete: Die Existenz
und Erklärung des Willens der einen Person ist ohne die der andern

4

Zur Begründung der Unwirksamkeit der Stipulation für einen Andern äusserte der römische Jurist Ulpian: inventae sunt enim hujusmodi obligationes ad hoc, ut unusquisque adquirat quod sua interest.[6] Dem hier geltend gemachten Grunde kömmt in der That auch für unsere Frage eine entscheidende Bedeutung zu. Obligationen, als Beschränkungen der natürlichen Freiheit, sagt mit Rücksicht darauf *Savigny*,[7] dürfen nur insoweit einen Rechtsschutz erhalten, als das Bedürfniss des Verkehrs denselben nothwendig erfordert; dieses Bedürfniss aber führt nur darauf, für den Handelnden Rechte zu begründen.

Unverkennbar wird durch diesen Gedanken zugleich der römische Satz, dass nur die auf eine Anfrage

---

völlig wirkungslos; ebensowenig wie die Erklärung, dass man eine Leistung entgegennehmen wolle, einen Anspruch irgend welcher Art begründet, kann die Erklärung, dass man leisten wolle, an sich eine Verpflichtung, selbst nicht eine nur sittliche erzeugen. Es ist daher auch völlig gleichgiltig, von welcher Seite der Wille zuerst erklärt und in wessen Erklärung die Natur und der Umfang der Leistung ausgesprochen ist; denn nur dann, wenn auch von der andern Seite der auf dieselbe Leistung gerichtete Wille vorhanden und erklärt ist, wird mit und durch ihn der zuerst erklärte wirksam. Diese in der Natur der Sache begründeten Sätze sind von jedem positiven Rechte anerkannt, und einzelne aus besonderen Rücksichten eingeführte Ausnahmen tragen einen streng positiven Charakter. Vgl. hiezu §. 7 Note 12.

[6] Fr. 38 §. 17 de V. O. 45, 1. Aufnahme hat diese Stelle auch gefunden in §. 19 J. de inut. stipulat. 3, 19

[7] Obligationenrecht 2, 76.

gegebene Zusage eine Obligation zu erzeugen geeignet sei, in seiner Allgemeinheit aus dem Gesichtspunkte der Zweckmässigkeit gerechtfertigt. Die Richtigkeit des Gedankens, dass das Verkehrsbedürfniss nur darauf führe, für den Handelnden oder genauer Werbenden Rechte zu begründen, muss indess bestritten werden. Abgesehen davon, dass ein Anderer ein Interesse daran haben kann, zu Gunsten eines unthätig bleibenden Dritten die Begründung einer Schuld zu veranlassen, ist es bei der heutigen Entwicklung des Verkehrslebens möglicher Weise wie im Interesse Anderer so im eigenen Vortheile Jemandes gelegen, dass er durch sein Wort allein zum Schuldner sich machen kann.

Wenden wir uns aber zu dem erst erwähnten Dogma, dass ein Versprechen, weil ihm die Annahme fehlt, nothwendig widerruflich oder unverbindlich sei, so ist dieser Lehrsatz ebenso haltlos, als die Behauptung es sein würde, dass ein Versprechen, welches angenommen worden, nie und nimmer widerrufen werden könne. Dass ein Versprechen auch nach seiner Annahme und trotz derselben unter Umständen widerrufen werden könne, dafür gewährt namentlich das ältere, aber auch noch das neuere deutsche Rechtsleben ein Zeugniss in dem früher ausführlich erörterten Reuerecht.

Das Reuerecht weist die Ansicht, dass die Unwiderruflichkeit eine nothwendige Wirkung des Vertrages sei, als einen Irrthum auf. Das Volk und seine

4*

Gesetzgeber sahen in der Annahme des Wortes keine
unübersteigliche Schranke, bei dem verbreitetsten und
häufigsten Vertrage, dem Kauf, der Sinnesänderung
wenigstens binnen einer gewissen Zeit eine rechtliche
Wirksamkeit beizumessen. Sie schien bei dem genannten Geschäfte erwünscht, während im Allgemeinen der
Verkehr allerdings zuverlässige Sicherheit und Schutz
gegen eine Täuschung im Vertrauen fordert. Wie nun
aber das Recht festsetzen kann, dass ein Versprechen
zurückgenommen werden könne trotz seiner Annahme,
so kann das Recht auch bestimmen, dass ein Versprechen gehalten werden müsse, obwohl eine Annahme
desselben nicht stattgefunden. Die Bedürfnisse des
Verkehrs sind allein massgebend; aus ihnen nimmt
und nach ihnen gestaltet der zeugende Faktor das
Recht. Daher wird es die Aufgabe sein, wenn wir
jetzt in dem zweiten Abschnitte die einzelnen unwiderruflichen Versprechen betrachten, bei jedem die Gründe
zu entwickeln, aus welchen dasselbe trotz seiner Ein-
seitigkeit im Rechte für verbindlich erklärt worden ist.

ZWEITER ABSCHNITT.

DIE EINZELNEN VERSPRECHEN.

---

§. 7.

Die Vertrags-Offerte an Abwesende. *

Nach der gemeinrechtlichen, auf römischen Grundsätzen beruhenden Theorie galt es bis auf einen der
neuesten Schriftsteller über Verträge zwischen Abwesenden als ein unbestrittener Satz, dass das für den
Fall seiner Annahme gegebene Versprechen oder die
Offerte so lange wieder zurückgenommen werden könne,
als die Genehmigung nicht erfolgt oder mit anderen

---

* Die neuere Literatur über Vertragsschliessung unter Abwesenden und somit auch über die Offerte an Abwesende bilden
die folgenden Abhandlungen: *v. Scheurl*, Vertragsschluss unter Abwesenden in dogmat. Jahrb. II (1858), S. 248—282; *Bekker*, über
Verträge unter Abwesenden nach gem. R. und dem Entwurfe eines

Worten durch die Annahme des Versprechens ein Vertrag zur Entstehung gekommen sei.

Das sächsische Gesetzbuch, welches auch hier,
wie so oft, der gemeinrechtlichen Lehre seine Satzung
einfach entlehnt hat, verfügt §. 816:

Anerbietungen zu einem Vertrage können zu
jeder Zeit widerrufen werden, so lange nicht deren
Annahme von der andern Seite erklärt worden ist.[1]

Im Gegensatze hiezu verordnet aber bereits das
preussische Landrecht I, Tit. 5 §. 90:

Die Annahme eines Versprechens muss, wenn
sie gegen den Versprechenden verbindliche Kraft
haben soll, zur gehörigen Zeit geschehen. §. 103.
Sobald aber die vorstehend §. 90 sqq. bestimmten

allg. d. Handelsgesetzbuches in Jahrb. f. g. d. Recht II (1858),
S. 243—414; *Dahn*, über den Zeitpunkt der Perfection eines unter
Abwesenden verhandelten Vertrages in *Goldschmidt's* Zeitschr. f.
H. IX (1866), S. 503—510; *Regelsberger*, Angebot und Annahme
in seinen civilistischen Erörterungen I (1868), S. 48—85; *Hauser*,
Vertragsantrag, Annahme und Vertragsschluss in *Goldschmidt's*
Zeitschr. XII (1868), S. 34—126; *Köppen*, der obligatorische Ver-
trag unter Abwesenden in dogmat. Jahrb. XI (1871), S. 139—397;
Sohm, über Vertragsschluss unter Abwesenden und mit einer per-
sona incerta in *Goldschmidt's* Zeitschr. XVII (1872), S. 16--107;
Schott, der obligatorische Vertrag unter Abwesenden. 1873.

[1] Es begreift sich, dass unter dieser Voraussetzung die noch
immer vielbestrittene Frage, in welchem Zeitpunkte die Annahme
wirksam erklärt sei, von ganz besonderer Wichtigkeit ist. Auf die
in dieser Beziehung aufgestellten Theorieen und vorgeschlagenen
Auskunftsmittel einzugehen, liegt jedoch bei dem hier verfolgten
Zwecke keine Veranlassung vor.

Fristen zur Erklärung fruchtlos verlaufen sind, kann
der Antragende zurücktreten. [2]

. und das österreichische bürgerliche Gesetzbuch §. 862:

Bei dem schriftlichen Versprechen muss die
Annahme in vierundzwanzig Stunden (beziehungsweise) innerhalb jenes Zeitraumes, welcher zur zwei-
maligen Beantwortung nöthig ist, erfolgen und dem
versprechenden Theile bekannt gemacht werden,
widrigenfalls ist das Versprechen erloschen. Vor
Ablauf des festgesetzten Zeitraumes kann das Versprechen nicht zurückgenommen werden.

und neuerdings das allgemeine deutsche Handelsgesetzbuch Art. 319:

Bei einem unter Abwesenden gestellten Antrage
bleibt der Antragende bis zu dem Zeitpunkte gebunden, in welchem er bei ordnungsmässiger, rechtzeitiger Absendung den Eingang der letztern erwarten darf. [3]

Mag nun hiernach die Offerte als ein von vorneherein blos für eine gewisse Zeit gegebenes oder als
ein temporär unbegrenztes Versprechen aufzufassen

---

[2] Dass die Auffassung dieser Bestimmungen bei *Koch*, Com-
mentar I, S. 214, der Offerent sei nur dann gebunden, wenn seine
Sinnesänderung dem Andern vor der Erklärung nicht bekannt ge-
worden, unrichtig sei, hat schon *Gruchot*, Beiträge z. preuss. R. I,
S. 344, hervorgehoben. S. auch *Förster*, preuss. Privatrecht I,
S. 423 Note 31.

[3] Uebereinstimmend deutscher Gesetzentwurf über Schuldverhältnisse 47; Bayer. Entw. II, 10.

sein,[4] jedenfalls ist dieselbe, sobald sie der Adresse übermittelt ist, obgleich nur ein Versprechen eine gewisse Zeit, welche am richtigsteh Erklärungszeit genannt wird,[5] verbindlich.

Will man deshalb die Offerte als pollicitatio, genauer als pollicitatio de contrahendo bezeichnen,[6] so

---

[4] Die erste Auffassung, sachlich wie ich glaube die richtige, ist nothwendig für das österreichische Recht und zwar in Folge der Worte des §. 862: „widrigenfalls ist das Versprechen erloschen"; die zweite entspricht dagegen dem preussischen Landrecht und dem allg. deutschen Handelsgesetzbuch. Rücksichtlich des letzteren herrscht allerdings, indess mit Unrecht, eine Meinungsverschiedenheit. *Hahn*, Commentar zu 318 §. 4, 319 §. 3, *Thöl*, Handelsrecht I, S. 369, *Regelsberger* a. a. O. S. 76. 77 finden die erste Auffassung darin ausgesprochen, während von *Bekker* a. a. O. S. 387 f. und *Hauser* a. a. O. S. 76—81, mit Recht behauptet wird, dass die zweite dem Gesetzbuch zu Grunde liege. Dies ergibt sich aus dem Wortlaut des Art. 318 (der Antragende bleibt bis zu dem Zeitpunkte gebunden) und des Art. 319 Abs. 1 (widrigenfalls der Antragende nicht länger gebunden ist), fowie aus dem Wortlaut und Inhalt des Art. 319 Abs. 2. Vgl. hierüber oben S. 39—41. — Nach preussischem Landrecht und deutschem Handelsrecht könnte man daher mit dem Ablauf der Zeit von einem R e u e r e c h t des Offerenten reden.

[5] *Thöl*, Handelsrecht I, S. 369, gebraucht dafür den Ausdruck Wartezeit. — Das Zeitmass, welches verschieden und nicht immer zweckmässig — vgl. *Regelsberger* S. 70; *Bekker* S. 407 ff.; *Köppen* S. 372 — bestimmt ist, können wir bei dem hier verfolgten Zwecke unberücksichtigt lassen. Bemerkt muss nur werden, dass, wenn nicht bis zum Ablauf der wie immer fixirten Zeit die Annahmeerklärung bei dem Offerenten eingegangen und damit der Vertrag und das Schuldverhältniss entstanden ist, die Folgen eintreten, von welchen die vorhergehende Note handelt.

[6] Wie *Arndts*, krit. Vierteljahrsschr. V (1863), S. 164 thut.

ist nichts hiergegen einzuwenden, aber auch nichts
damit gewonnen; es wäre denn, dass die Erläuterung,
welche *Hugo Grotius*[7] in den Worten gibt: lex romana
non hoc dicit, ante acceptationem pollicitationis plenam
esse vim; sed revocari vetat, ut acceptari semper possit,
zugleich als richtig anerkannt würde. Denn noch ist
der Offerent in Folge der Offerte nicht verpflichtet,
die Leistung zu machen, und vielleicht wird er niemals
hierzu verpflichtet, falls nämlich das Anerbieten keine
Annahme findet.

Die Verpflichtung, welche das Recht an die Offerte
geknüpft hat, besteht nur darin, dass der Offerent[5]
eine angemessene Zeit im Worte bleiben muss, insbesondere mit der Wirkung, dass ein Widerruf rechtlich bedeutungslos wäre. Der Offerent ist in seinem
Willen zunächst blos insofern gebunden, als er gebunden ist an sein Wort.

Warum aber, muss man fragen, nimmt und hält
das Recht den Anbietenden während einer gewissen
Zeit beim Wort? Die Erwiderung ist einfach: damit
ihn der beim Worte fassen kann, an welchen er mit
seinem Anerbieten sich gewendet hat. Die zeitweise
Unwiderruflichkeit der Offerte hat den Zweck, den
Verkehr unter Abwesenden zu ermöglichen und zu

---

[7] De jure belli ac pacis II, 11 §. 14.

[6] Beziehungsweise sein Erbe nach dem preussischen Landrechte und allgemeinen deutschen Handelsrechte, während nach
österreichischem Rechte diese Verpflichtung unvererblich ist.

fördern. Um zu einem Entschlusse zu kommen, bedarf es eines sichern Ausgangspunktes. Würde der Adressat ungewiss sein, ob die ihm gemachte Offerte noch bestehe oder nicht vielmehr inzwischen widerrufen worden sei, so wäre die Entscheidung der Frage, ob anzunehmen sei oder nicht, für ihn bedeutend erschwert. Aber auch nach gefasstem Entschlusse, wenn die Annahme erfolgt ist, darf die Sicherheit nicht fehlen. Ist das Geschäft, der Vertrag zu Stande gekommen, so sind in Folge dessen weitere Anordnungen und Massnahmen zu treffen, welche nur mit halbem Sinn getroffen oder vielleicht ganz unterlassen würden, müsste der Annehmende stets sich sagen, dass möglicher Weise der Offerent inzwischen seinen Sinn geändert habe und in Folge eines unterwegs befindlichen Widerrufs das Geschäft gar nicht zum Abschluss gekommen sei.[9] Ohne Zweifel fallen diese Gründe gewichtiger in die Wagschale mit Rücksicht auf den kaufmännischen Verkehr oder Handel, welcher in einem beständigen Wechsel von Kauf und Verkauf sich vollzieht; allein Geltung haben sie auch für den gemeinen Verkehr und recht-

---

[9] In gleichem Sinne spricht sich *Köppen* a. a. O. aus, welcher durch diese Erwägungen, sowie durch das Unbegründete und Unzureichende der von gemeinrechtlichen Juristen zur Abwendung der Inconvenienzen vorgebrachten Auskunftsmittel zu dem Ergebnisse geführt wurde, dass sich auf dem gegenwärtigen Fundamente keine Vertragstheorie construiren lasse, die gleichmässig den Ansprüchen des Lebens und einer wissenschaftlichen Begründung gerecht würde.

fertigen daher auch in dem bürgerlichen Rechte die
Unwiderruflichkeit der Offerte oder die Verpflichtung
eines Offerenten, sein Versprechen zu halten. Wenn
hiergegen Bedenken [10] aus dem Grunde erhoben wurden, dass nachträglich Zwischenfälle eintreten können,
welche es dem Anbietenden dringend wünschenswerth
erscheinen lassen müssen, die Offerte zurücknehmen zu
können, so ist hierauf zu antworten, dass auch noch
später, nämlich nach geschlossenem Vertrage die Umstände derart sich ändern können, dass es von dem
höchsten Interesse für den Contrahenten wäre, von
dem Vertrage zurücktreten zu können. So wenig
jedoch deshalb allgemein ein Reuerecht bei Verträgen
sich rechtfertigen liesse, ebensowenig kann hieraus die
Unzweckmässigkeit der verpflichtenden Kraft von Offerten abgeleitet werden.

Nach dem allgemeinen deutschen Handelsrechte,
sowie nach dem bürgerlichen Rechte in den altpreussi-
schen Landen und in Oesterreich bildet also die Offerte
gegenüber einem Abwesenden für sich schon einen
Verpflichtungsgrund, und zwar ist die Verpflichtung
des Offerenten, eine bestimmte Zeit im Worte zu

---

[10] Von *Arndts* a. a. O. S. 164. 165. — Bei *Brinz*, Pandekten
S. 1578, sind es Gründe der Logik, welche ihn bestimmen, gegen
die Unwiderruflichkeit einer Offerte sich zu erklären. Denn wäre
es (das Offert) unwiderruflich, so müsste es schon ein Vertrag oder
doch ein einseitiges Geschäft sein; allein ein einseitiges Geschäft
ist es nicht, weil es die Bestimmung hat, Vertrag zu werden; Vertrag nicht, weil es nur einseitigen Willens ist.

bleiben, geordnet als das geeignete Mittel zur Förde-
rung von Vertragsschlüssen zwischen Abwesenden. [11]
Für diejenigen, welche auf dem Boden der bisherigen gemeinrechtlichen Theorie, wonach ein unangenommenes Versprechen nothwendig unverbindlich
ist, stehen, muss allerdings dieses Ergebniss als eine
Unregelmässigkeit erscheinen, welche, will man sie
nicht als das Erzeugniss einer positiven Satzung un-
vermittelt hinnehmen, [12] einer Richtung bedarf. [13]
Ein Versuch dieser Art wurde zunächst von
Regelsberger [14] unternommen und dürfte man densel-

---

[11] Die Gebundenheit an's Wort innerhalb einer gewissen Zeit
entspricht daher auch ganz dem Willen eines Offerenten. Sollte
indess ein Antragsteller diesen Willen einmal nicht haben, so mag
er denselben in der Formel „ohne obligo" oder „freibleibend"
wirksam zum Ausdruck bringen; desgleichen kann er die gesetzliche
Erklärungszeit abkürzen. Vgl. *v. Hahn*, Commentar zu 319 §. 3;
Endemann, Handelsrecht §. 94 bei Note 4, *Wächter*, Handelsrecht
§. 15 n. IX, 2; *Hauser*, S. 73. 74; *Köppen*, S. 354.

[12] Wie dies z. B. *von Hahn* in seinem Commentar zu
Art. 319 §. 1 thut. Vgl. dazu §. 6 Note 5.

[13] Eine bemerkenswerthe Ausnahme macht *Dernburg*, welcher
— preussisches Privatrecht I (1871), S. 199 — sagt: Nach preussischem Recht bindet sich der Antragende durch seinen einseitigen
Antrag bis zum rechtzeitigen Einlauf der Antwort. Es ist dies im
letzten Grunde zurückzuführen auf eine deutsche Rechtsanschauung,
wonach sich die Handelnden einseitig durch ihr Wort verpflichten
können, nicht blos wie nach römischer Jurisprudenz durch einen
eigentlichen Vertragsact. — *Schott* a. a. O. S. 98 bezeichnet freilich diese Meinung als „offenbar unrichtig".

[14] A. a. O. S. 71—76. — Selbstverständlich werden hier die
Aufstellungen *Regelsberger's* nur insoferne besprochen, als sie die

ben als gelungen betrachten, so wäre ohne Zweifel der Beweis geliefert, dass mit einigem Witz auch die Verbindlichkeit einer Offerte mit der bisherigen Theorie sich in Einklang bringen lasse. Der Grund der Behaftung des Anbietenden bei seinem Antrag, sagt der genannte Schriftsteller, liegt in seinem Willen; er erklärt stillschweigend sich seines Widerrufsrechtes zu begeben. Auf die von Regelsberger selbst sofort aufgeworfene Frage, wie eine einseitige Erklärung solche Wirkung thun könne, lautet die Antwort: die Lösung des Räthsels liegt darin, dass die Gebundenheit des Antragstellers gar nicht aus seiner einseitigen Erklärung, sondern aus einem Vertrag entspringt. Wieso? In den Fällen des stillschweigenden Widerrufsverzichtes ist mit dem Hauptanerbieten stillschweigend ein zweites Angebot, das Behaftungsanerbieten verbunden. Nun wird freilich eine ausdrückliche Annahme dieses Unterangebotes nur in seltenen Fällen erfolgen. Allein bei Angeboten, welche überall nur zum Vortheil des Anerbotenen sind, ohne ihm eine Verpflichtung aufzuerlegen, wird eine ausdrückliche

---

Bestimmung des Handelsgesetzbuches — das preussische Landrecht und das österreichische Gesetzbuch mit ihren übereinstimmenden Satzungen hat der genannte Schriftsteller nicht in den Bereich seiner Erklärung einbezogen — mit der Vertragstheorie zu vereinigen streben. Hinsichtlich des bürgerlichen Rechtes beziehen sich die Aufstellungen auf das gemeine Recht, für welches sie eine praktische Bedeutung beanspruchen. Dagegen vgl. *Windscheid*, krit. Vierteljahrsschrift X, S. 153. 154; *Köppen* a. a. O. S. 306.

Annahme gar nicht erfordert, so . dass der die Gebundenheit des Antragstellers begründende Vertrag und
damit diese selbst in dem Momente als entstanden anzunehmen ist, wo der Gesammtantrag zur Kenntniss
des Anerbotenen gelangt ist. [15]
Inwiefern Regelsberger hierdurch der von ihm sonst
vertretenen Ansicht über die Bedingungen, unter welchen
ein Vertrag entsteht, nahetritt, kann unerörtert bleiben;
es genügt festzustellen, dass mit Bezug auf das Handelsgesetzbuch durch die mitgetheilte Ausführung einer
Theorie zu Liebe unbewusst das Recht gefälscht wird.
Gemäss Artikel 320 ist ein Widerruf nicht erst wirkungslos, wenn der Antrag dem Adressaten bekannt
geworden, sondern sobald er demselben „zugegangen“.
Der Offerent ist demnach an sein Wort gebunden,
auch wenn der Adressat davon noch keine Kenntniss
erhalten und somit auch nicht angenommen haben kann.
Aber auch davon abgesehen, dürfte schwerlich
zuzustimmen sein, wenn Regelsberger selbst der Zweifel
beschleicht, „ob diese Erklärung von der Gebundenheit des Antragstellers nicht willkürlich und vielmehr
in die Sache hineingetragen als daraus entnommen sei,“
und er denselben zum Schweigen bringt auf Grund
folgender Erwägung:
„Ein Kaufmann, welcher ein Kaufsangebot angenommen hat, wird das Geschäft sofort als sichere

---

[15] Vgl. ausserdem noch S. 94.·95; dagegen aber *Windscheid*,
krit. Vierteljahrsschrift X, S. 154.

Grundlage für seine Operationen betrachten; er wird Schritte thun, die Waaren an andere Personen zu verstellen, mit Rücksicht auf den ihm selbst gestellten billigeren Preis seinen Vorrath an diesem Artikel wohlfeiler ablassen, in diesem und in jenem Falle vielleicht andere Anträge ablehnen, oder auch unterlassen, an andere Personen entsprechende Anträge.zu stellen. Es wird nicht leicht einem Kaufmanne beikommen, mit diesen und ähnlichen Massregeln zu warten, bis der Vertrag nach gemeinrechtlichen Grundsätzen vollendet ist. Viele Kaufleute haben gar nicht das Bewusstsein, dass das Geschäft nicht schon mit der Erklärung der Annahme vollkommen geworden ist."

Diese Auseinandersetzung beweist indess nicht, was sie beweisen soll. Vorausgesetzt überhaupt, dass es zulässig wäre, aus der dargelegten Denk- und Handlungsweise der Kaufleute einen Schluss zu ziehen auf den Willen, welchen ein offerirender Kaufmann und seine Adresse im einzelnen Falle hegen, so könnte obiger Auseinandersetzung gemäss dieser Wille nur dahin gedeutet werden, dass, sobald der Adressat den sogenannten Hauptantrag angenommen habe, ein Widerruf des Offerenten unwirksam sein solle.

· Es kann nicht meine Aufgabe sein, die hieraus für die Construction sich ergebenden Consequenzen zu erwägen. Es galt nur den Schluss zu ziehen aus den von Regelsberger vorangestellten Sätzen, und dass der gezogene Schluss berechtigt sei, ist auch Regelsberger

nicht entgangen. [16] Eine etwas lose Reihe flüchtiger
Gedanken hilft ihm jedoch darüber hinweg und führt
ihn zu dem Resultate: Wir sehen, ein wirksamer
Rechtsschutz liegt nur in der Nichtbeachtung des
Widerrufs und der Behaftung des Antragenden bei
seinem Angebot. Das ist denn auch der Inhalt des
von uns unterstellten — indess, wie ich einschalten
muss, auch nicht aus dem Willen der Parteien erwie-
senen — vertragsmässigen Widerrufsverzichtes.

In anderer Weise ist *Ihering* [17] bestrebt, die in
dem Handelsgesetzbuche dem Offerenten auferlegte
temporäre Verpflichtung, im Worte zu bleiben, juristisch zu rechtfertigen. „Da vor der Acceptation der
Vertrag noch nicht existirt, so qualificirt sich — sagt
er — die Gebundenheit des Offerenten als secundäre
Verpflichtung in Bezug auf ein in der Bildung begriffenes Rechtsverhältniss." S. 469. D. h. der Offerent
„ist schon vor Eintritt der noch fehlenden Zustimmung
insoweit gebunden, dass er dem natürlichen Entwick-
lungsgang des Verhältnisses seinen Lauf lassen muss,
den Eintritt der noch fehlenden Zustimmung nicht
verhindern darf". S. 463.

Der Fall ist einer von mehreren, wo „die als
passive Wirkung des Rechtes zu bezeichnende Gebundenheit der Person als vorübergehende Durchgangs-

---

[16] Vgl. S. 75.

[17] In der Abhandlung: Passive Wirkungen der Rechte,
dogmat. Jahrb. X (1871), S. 387—580.

phase des Rechtes unabhängig von der activen Seite desselben als Vorstadium in dem Bildungsprocess des Rechtes vorkommt". S. 406.

„Diese Wirkung: die Gebundenheit, übt aus ein mit Vorbehalt der Zukunft abgeschlossenes Rechtsgeschäft, oder sagen wir: ein in der Bildung begriffenes Recht schon während dieses seines Bildungsprocesses." S. 460.

Auf den Einwand, den Ihering selbst sich macht: „dass ein Recht bereits Wirkungen soll äussern können, bevor es nur einmal da ist, scheint einen logischen Widerspruch in sich zu schliessen; wie kann etwas, was nicht ist, wirken?" antwortet er: „der Satz ist richtig für das Causalitätsverhältniss zwischen Ursache und Wirkung, unrichtig für das zwischen Mittel und Zweck. Da aber die Gestaltung der Rechte wesentlich durch den Zweckbegriff beeinflusst wird, so liegt nicht der geringste Widerspruch darin, dass zu Gunsten eines in der Entstehung begriffenen Rechtes, also um eines künftigen Zweckes willen schon jetzt Beschränkungen Platz greifen, welche dessen künftige Verwirklichung vorbereiten und sicherstellen sollen. Zeigt es sich nun, dass diese Schutzmassregeln gerade in denselben beschränkenden Wirkungen bestehen, durch welche das vorhandene Recht seine Existenz nach Aussen hin bethätigt, so werden wir berechtigt sein, das Verhältniss, um das es sich handelt, als Eintritt der passiven Wirkungen des Rechtes vor den activen zu bezeichnen". S. 458.

5

So der Gedankengang Ihering's. Ich vermag jedoch einmal den Vortheil nicht abzusehen, der dadurch erzielt werden soll, dass man da, wo die fragliche Gebundenheit nicht als Folge eines Vertrages, sondern in Verbindung mit einem blossen Versprechen vorkömmt, statt dieses als die Ursache der Verpflichtung anzuerkennen, letztere als Wirkung eines in der Bildung begriffenen Rechtes auffasst. Sodann aber muss ich überhaupt bestreiten, dass mit einer Offerte ein Recht, ähnlich dem nasciturus (S. 461), bereits in der Bildung begriffen sei. Die Offerte kann nimmermehr auf eine Linie mit der Empfängniss gestellt werden.

Auch die von *Köppen*, dem Eingangs erwähnten Schriftsteller, für das römische Recht entwickelte Theorie ist hier in Betracht zu ziehen, sofern darin die angeblich übereinstimmende Vorschrift des Handelsgesetzbuches über die Gebundenheit des Offerenten ihre Erklärung finden soll.

Köppen geht von dem Gedanken aus, dass mit dem herkömmlichen Begriff des obligatorischen Vertrages keine Theorie der Vertragsvollendung sich aufstellen lasse, welche zugleich den Ansprüchen des Lebens und einer wissenschaftlichen Begründung gerecht werde; desshalb, meint er, könne es keinem Zweifel unterliegen, dass die heutige Vertragstheorie der römischen nicht entspreche. [15] Den Inhalt eines

---

[15] Vgl. a. a. O. S. 139. 140. 307. 333. 334.

obligatorischen Vertrages bilde das Versprechen einer
Leistung, ein einseitiges oder ein zweiseitiges. Dieses
Versprechen enthalte den Willen, sich auf die Leistung
zu verpflichten; deshalb dürfe dasselbe den Promittenten nicht erst obligiren, wann es acceptirt werde,
vielmehr müsse es im Momente der Erklärung die beabsichtigte Obligation erzeugen, während blos deren
Vollendung durch die Acceptation bedingt sei. In der
That gebe das römische Recht schon dem Versprechen
für sich obligirende Wirkung; das Versprechen des
Offerenten mache den Adressaten zum creditor con-
ditionalis, es deferire die Forderung[19] oder begründe
die spes debitum iri unter der Bedingung der Acceptation, welche Bedingung wie jede andere rückwirkende
Kraft habe. S. 334 ff. Und damit stimme auch die
Vorschrift des Handelsgesetzbuches vollständig überein,
nach welcher der Offerent unter der Bedingung der
rechtzeitigen Acceptation sofort obligirt sei. S. 366.

Es kann hier unerörtert bleiben, ob die Köppen'-
sche Theorie im römischen Rechte ihre Begründung
finde, ja ob sie überhaupt haltbar sei;[20] es genügt
darzuthun, dass die handelsrechtliche Gebundenheit
des Offerenten eine andere Bedeutung hat, als die

---

[19] *Bekker* a. a. O. S. 404 spricht, wie gelegentlich bemerkt
werden mag, von einer Delation des Vertrages.

[20] Dagegen haben sich ausgesprochen: *Sohm* in einem Nach-
trage zu dem oben angeführten Aufsatze in *Goldschmidt's* Zeitschrift XVII (1872), S. 373 f.; *Schott* a. a. O. S. 210—225.

Verpflichtung, welche nach Köppen's Ansicht durch eine Offerte erzeugt wird. Die Offerte, sagt er S. 356, verpflichtet den Offerenten seiner bindenden Absicht gemäss, mag sie an eine persona certa oder incerta gerichtet sein; die Bestimmtheit oder Unbestimmtheit des Oblaten influirt nur auf die rechtliche Natur der Verpflichtung. Wird sie an eine persona incerta gerichtet, so verliert sie, äussert er [21] weiter, dadurch nicht ihre verbindliche Kraft, aber die Verpflichtung, welche sie erzeugt, ist stets eine widerrufliche, bis sich die unbestimmte Person in eine bestimmte umgewandelt hat. Hieraus ergibt sich, dass die Verpflichtung, welche die Offerte nach Köppen's Theorie erzeugen soll, von anderer Beschaffenheit sein muss, als die Gebundenheit des Offerenten im Sinne des Handelsgesetzbuches, welche gerade darin besteht, dass der Offerent nicht widerrufen darf und kann, dass er gebunden bleibt an sein Wort.

Endlich bedarf noch einer Erwähnung das Mittel, welches in jüngster Zeit zur Vereinigung der handelsrechtlichen Gebundenheit des Offerenten mit dem gemeinen Rechte, wobei letzteres in der herkömmlichen Weise verstanden wird, in Vorschlag gebracht wurde.[22] Es besteht darin, dass man den Zeitraum, welcher zwischen der Ankunft der Offerte und ihrer ordnungsmässigen Acceptation gelegen ist, „als ein einziges

---

[21] S. 359, vgl. S. 363.
[22] Von *Schott*, S. 230.

Zeitmoment betrachtet, so dass, falls die Annahme überhaupt rechtzeitig geschieht, dieselbe als schon im Momente des Offerteempfangs stattgefunden angesehen wird". Es wird mit anderen Worten gerathen, den Zeitraum, in welchen die Gebundenheit eines Offerenten fällt, durch ein Verkleinerungsglas und zwar von solcher Schärfe zu betrachten, dass derselbe unsichtbar wird und mit ihm die Gebundenheit des Offerenten an sein Wort verschwindet. Für das natürliche Auge, und mit diesem hat doch auch der Jurist die Erscheinungen des Rechtslebens zu betrachten, bleibt freilich der Zeitraum als solcher bestehen, und die Gebundenheit des Offerenten in demselben verlangt nach wie vor ihre Erklärung.

§. 8.
Die Vertragsofferte mit einer Bedenkzeit.

Eine Offerte, welche von Mund wider Mund gemacht wird, verpflichtet den Offerenten nicht länger, als Zeit zur unmittelbaren Erklärung erfordert wird;[1] aus einer Offerte, welche an einen Abwesenden gerichtet wird, bleibt der Antragsteller so lange, als die zur Erklärung rechtlich zugemessene Zeit währt, gebunden.

---

[1] S. preuss. Landr. I, 5 §. 94; Oesterr. Gesetzb. §. 862 a. A.; deutsch. Handelsgesetzb. 318, vgl. deutsch. Entwurf 46.

Willkür bricht jedoch Landrecht.

Einmal kann im Anschluss an eine Offerte zwischen Offerenten und Adressaten bedungen werden, dass jener im ersten Falle während einer Frist überhaupt, im zweiten während einer längern Zeit, als diejenige ist, welche das Recht im Verkehr zwischen Abwesenden bestimmt hat, verpflichtet sein solle, im Worte zu bleiben, so dass ein Widerruf wirkungslos wäre.[2] Der Verpflichtungsgrund für den Offerenten ist solchen Falles ein neben der Offerte und im Gefolge derselben abgeschlossener Vertrag, d. h. das von dem Adressaten angenommene Versprechen des Offerenten, während der vereinbarten Frist sein Wort halten zu wollen.

Die Willkür setzt aber, um das Landrecht zu brechen, nicht nothwendig die Einigung zweier Willen

---

[2] Vgl. österr. Gesetzb. §. 862. Wenn zur Annahme des Versprechens ein Zeitraum bedungen worden ist, — — (so kann) vor Ablauf des festgesetzten Zeitraumes das Versprechen nicht zurückgenommen werden. — Anders beurtheilt nach gemeinem Rechte diesen Vertrag *Brinz*, Pandekten S. 1580: Wo die Aufrechterhaltung des Offerts eine gewisse Zeit hindurch ausdrücklich verabredet wird, liegt nur ein Versprechen vor, das Geschäft abschliessen zu wollen, wenn dies dem andern Theile binnen der gesetzten Zeit beliebt (pactum de contrahendo); der Widerruf selbst ist nicht ausgeschlossen; wenn der andere Theil zwar binnen der gesetzten Zeit, aber nach dem Widerruf acceptirt, so ist das, weil das Offert erloschen, keine Acceptation mehr; der durch das Offert eingeleitete Vertrag ist unmöglich geworden, und an seine Stelle nur eine Interessensforderung aus dem pactum de contrahendo da.

voraus. Auch wenn ein Offerent einseitig dem gegenwärtigen oder abwesenden Adressaten, letzterem selbstverständlich eine längere als die vom Gesetze bestimmte
Bedenkzeit setzen würde, so wäre er innerhalb derselben gebunden an sein Wort. In der Bestimmung einer
Bedenkzeit liegt ein Versprechen, das Versprechen nämlich, während derselben im Worte bleiben zu wollen,
und dieses Versprechen verpflichtet, ohne dass es angenommen zu werden braucht, seinen Geber.

So verordnet nicht nur das preussische Landrecht I, 5 §. 91:

> Hat der Antragende einen gewissen Zeitraum
> zur Erklärung über den Antrag bestimmt, so ist der
> Andere bis zum völligen Ablauf dieses Zeitraumes
> zur Annahme berechtigt.

sondern sogar das sächsische Gesetzbuch §. 816:

> Hat derjenige, welcher das Anerbieten gemacht
> hat, dem Andern eine Bedenkzeit gegeben, so kann
> er vor deren Ablauf nicht widerrufen.[3]

---

[3] Vgl. auch den deutschen Entwurf 45: Ist zur Herbeiführung eines Vertrages ein Antrag gemacht und für die Annahme
desselben eine Zeit bestimmt, so ist der Antragende, ohne Unterschied, ob die Betheiligten anwesend oder abwesend sind, bis zum
Ablauf jener Zeit an den Antrag gebunden. Uebereinstimmend
ferner der hessische Entw. 81: Im Falle der verbindende Theil
eine bestimmte Zeit zur Annahme festgesetzt hätte, ist er bis zum
Ablaufe dieser Zeit an sein Anerbieten gebunden; und der bayerische
Entw. Theil II, 8: Ist zur Herbeiführung eines Vertragsabschlusses
ein Antrag gemacht und eine bestimmte Zeit zur Annahme des-

Mit den herkömmlichen, aus dem gemeinen Rechte
gewonnenen Vorstellungen steht der Inhalt dieser Bestimmungen allerdings nicht in Einklang, und wie
schwer daher selbst der landrechtlichen Wissenschaft
eine richtige, vorurtheilsfreie Auffassung derselben
fällt, zeigt *Plathner* in seinem „Geist des preussischen
Rechtes" betitelten Buche. Trotz der angeführten
Norm des Landrechtes stellt er[4] als §. 71 den Satz
auf: „Auch wenn der Antragende zugleich mit dem
Antrage die Frist zur Erklärung über den Antrag bestimmt, — — ist er doch, so lange der Vertrag noch
nicht zu Stande gekommen ist, berechtigt, die Frist
zur Annahme willkürlich zu ändern oder zu bestimmen." Und zur Erklärung wird beigefügt: „Es ist
hier natürlich nicht der Fall gemeint, wenn die Frist
zur Erklärung durch Vertrag bestimmt ist. Es ist hier
nur von einem Vertragsantrag mit einseitiger Frist-
bestimmung die Rede. Weil es sich nur um eine einseitige Erklärung handelt, hat der Erklärende das
Recht, seine Erklärung nach Willkür zurückzunehmen
oder abzuändern, so lange der Vertrag noch nicht zu
Stande gekommen ist."

---

selben festgesetzt, so ist der Antragende, gleichviel ob der Antrag
einem Anwesenden oder Abwesenden gemacht wurde, bis zum
Ablaufe jener Zeit an seinen Antrag gebunden und kann denselben
nicht widerrufen, sofern er sich nicht den Widerruf ausdrücklich
vorbehalten hat.

[4] Bd. I, S. 149.

Eine Auffassung, wie die hier mitgetheilte,[5] sollte
man schon in Folge der temporären Gebundenheit des
Offerenten an das einem Abwesenden gemachte Angebot für unmöglich halten. Wird letztere nicht wider-
willig als eine, etwa gar unrichtige Singularität hin-
genommen, sondern in ihrer Bedeutung gewürdigt, so
ergibt sich daraus bereits für den Fall einer von dem
Offerenten einseitig festgesetzten Bedenkzeit die Verpflichtung desselben, während jener Zeit im Worte zu
bleiben.

Mit vollem Recht wird denn auch heutzutage für
den Handelsverkehr die verpflichtende Kraft der einseitigen Festsetzung einer Bedenkzeit anerkannt,[6] obgleich das Handelsgesetzbuch den Fall nicht normirt,[7]
und entsprechend muss sie auch für den bürgerlichen
Verkehr nach österreichischem Rechte angenommen
werden, wiewohl es in diesem ebenfalls an einer einschlägigen Bestimmung gebricht.[8]

[5] Gegen welche übrigens schon *Gruchot*, Erläuterungen I
(1857), S. 345, sich erklärt hat, wobei indess das richtig erkannte
Princip des preussischen Landrechtes nicht als das sachlich richtige
anerkannt wird.

[6] S. *v. Hahn*, Commentar zu 319 §. 1; *Hauser* a. a. O.
S. 71. 72. — Dagegen neuestens *Schott*, S. 190 f.

[7] Der Grund dieser Unterlassung ist in dem Widerspruch
eines Theils der Mitglieder der Nürnberger Conferenz gegen das
im vorigen Paragraphen entwickelte Princip zu suchen. Vgl. die
Protocolle III, S. 1361.

[8] Natürlich macht sich die Verschiedenheit des österreichischen bürgerlichen Rechtes und des Handelsrechtes, welche darin

Auf einen andern Grund als das einseitige Versprechen wurde die Gebundenheit des Offerenten bei einseitig gewährter Bedenkzeit bis jetzt, so viel ich sehe, nur von *Regelsberger* zurückgeführt. Nach der Meinung dieses Schriftstellers ist auch hier ein Vertrag der Verpflichtungsgrund. In der mit einer Offerte verbundenen Festsetzung einer Bedenkzeit verzichtet der Offerent ausdrücklich [9] auf den Widerruf, oder mit anderen Worten, er macht ausdrücklich ein zweites Angebot, ein Behaftungsanerbieten, das erst bindend wird durch die Annahme von Seite des Adressaten. Diese Annahme aber erfolgt, wie in dem Falle, da einem Abwesenden ohne Beisatz eine Offerte gemacht wurde, stillschweigend in dem Momente, wo der Gesammtantrag, Haupt- und Nebenangebot zur Kenntniss des Adressaten gelangt ist.

besteht, dass nach jenem die Offerte mit dem Ablauf der Zeit hinfällig wird, während nach diesem blos die Gebundenheit aufhört, auch hier geltend. Uebrigens könnte der Offerent nach Handelsrecht allerdings bei Festsetzung einer Bedenkzeit den Willen aussprechen, dass mit ihrem Ablauf der Antrag überhaupt nicht mehr bestehen oder zurückgenommen sein solle; vgl. *Hauser*, S. 76. — Mit dem österreichischen Rechte stimmt das sächsische, vgl. §. 816 a. E.: „Mit Ablauf der Bedenkzeit gilt das Anerbieten als widerrufen, wenn es bis dahin nicht angenommen worden ist." Und das Gleiche behauptet auch für das preussische Recht *Förster*, Theorie und Praxis I, S. 419, indem er sagt: Wird die Frist nicht innegehalten, so gilt das Anerbieten als nicht geschehen.

[9] Hierin liegt der Unterschied von einer ohne Bedenkzeit an einen Abwesenden gemachten Offerte.

Selbstverständlich gilt jedoch auch hier die früher[10] gemachte Bemerkung, dass damit einer Theorie zu Liebe das Recht verdreht wird, indem die Offerte, welche dem Rechte nach bindend ist, sobald sie dem Adressaten zugegangen, erst bindend werden soll, wenn er Kenntniss davon genommen, weil nun erst von einer Annahme und mit derselben von einem Vertrage die Rede sein kann.

Beigefügt aber mag werden, dass hier, wo im Gegensatze zu der gesetzlich fixirten Erklärungsfrist eine längere Bedenkzeit gegeben wurde, die Differenz zwischen dem wirklichen Rechte und dem, was eine falsche Theorie dafür ausgibt, leicht praktisch sich wirksam zeigen könnte, wenn beispielsweise der Adressat verreist sein würde.

§. 9.
Das sogenannte hinkende Geschäft.

Der Hauptfall desselben, wenn nämlich Jemand mit einem Mündel ohne Einwilligung des Vormundes einen wechselseitig verbindlichen Vertrag schliesst, wird im römischen Recht nach seiner gegenwärtigen Auffassung folgendermassen beurtheilt: der Contract besteht zu Recht von der einen Seite und nur von dieser, z. B. als venditio oder als conductio, in Folge dessen

---

[10] S. oben S. 62.

der mit dem Pupillen Contrahirende an alle von ihm übernommenen Verbindlichkeiten gebunden ist, während dagegen der Pupill frei von jeder Haft bleibt.[1] Anders wurde von *Savigny* und *Puchta* das römische Recht in diesem Punkte verstanden. Nach der Meinung dieser Rechtsgelehrten ist der Vertrag relativ nichtig, für den Unmündigen nicht bindend, für den Gegner bindend, jedoch nur in dem Sinne, dass seine einseitige Haftung die Existenzfrage der Obligation betrifft, welche der Tutor entscheidet. Die Entscheidung des letztern involvirt aber nothwendig auch die Entstehung der Verbindlichkeiten des Mündels aus der Obligation, ohne welche er die damit wesentlich verknüpften Forderungen nicht in Anspruch nehmen kann.[2]

Bei dem hier verfolgten Zwecke ist es nicht erforderlich, uns in den Widerstreit der Meinungen einzulassen, zu welchen die Auslegung der einschlägigen Stellen der römischen Rechtsbücher[3] geführt hat. Die

---

[1] S. *Brandis*, Ztschr. f. Civilr. u. Process VII, S. 133 ff. — *v. Vangerow*, Pandekten I, §. 279 Anm. g. E. — *Dernburg*, Compensation 1854, S. 70—74. — *Arndts*, Pandekten (seit der 2. Aufl. 1855), §. 234 Anm. 3. — *Windscheid*, Pandekten I, §. 93 Note 1. — *Brinz*, Pandekten, S. 1641 ff. Vgl. jetzt noch *Köppen* a. §. 7 Note * a. O. S. 342—350.

[2] Vgl. *Savigny*, System 3, S. 40. 5, S. 541. *Puchta*, Pandekten §. 232. Vorlesungen 2, S. 27.

[3] §. 9 J. de inut. stip. 3, 20. — Pr. J. de auct. tut. 1, 21. — Paulus in fr. 7, §. 1. de rescind. vendit. 18, 5. — Ulpian in fr. 13, §. 29. de act. emti 19, 1 und fr. 5, §. 1 de auct. tut. 26, 8.

nachfolgende Erörterung kann und wird sich auf das codificirte Recht und innerhalb dieser Begrenzung vornehmlich auf das preussische und österreichische Recht beschränken.

Das allg. preussische Landrecht bestimmt I, 5:

§. 11. Soll eine Person, welche durch Willenserklärungen nur Vortheile zu erwerben fähig ist, durch einen von ihr geschlossenen Vertrag zugleich Lasten übernehmen, so hängt die Giltigkeit des ganzen Vertrags von der vormundschaftlichen Genehmigung ab.[4]

§. 12. So lange der Vormund sich noch nicht erklärt hat, kann der andere Theil von dem Vertrage nicht zurücktreten.[5]

§. 13. Doch steht demselben zu allen Zeiten frei, dem Vormund eine Frist zu bestimmen, binnen welcher er sich über die Ertheilung oder Versagung seiner Genehmigung erklären müsse.

Das österreichische Gesetzbuch verordnet:

§. 865. Personen, welche von einem Vater, Vormund oder Curator abhängen, können zwar ein blos

---

[4] Vgl. auch I, 4 §. 22: Sind mit dem Vortheile, den ein solcher Unmündiger durch seine Willensäusserung erwerben soll, zugleich Pflichten und Lasten verbunden, so erlangt die Willenserklärung ohne Einwilligung seines Vorgesetzten keine rechtliche Wirkung.

[5] Vgl. auch den deutschen Entwurf 25: So lange eine Erklärung über die Genehmigung des Vertrages nicht erfolgt ist, bleibt der andere Vertragschliessende an den Vertrag gebunden.

zu ihrem Vortheile gemachtes Versprechen annehmen, wenn sie aber eine damit verknüpfte Last übernehmen oder selbst etwas versprechen,[6] hängt die Giltigkeit des Vertrags — — in der Regel von der Einwilligung des Vertreters oder zugleich des Gerichtes ab. Bis diese Einwilligung erfolgt, kann der andere Theil nicht zurücktreten, aber eine angemessene Frist zur Erklärung verlangen.

Nach preussischem und österreichischem Rechte ist also der Vertrag ungiltig, die ohne Einwilligung des Vormundes getroffene Vereinbarung beispielsweise kein Miethvertrag, kein Kaufgeschäft. Daraus folgt selbstverständlich, dass nicht blos der Mündel, sondern auch der andere Theil nicht verpflichtet sein könne zur Leistung dessen, was er versprochen.

Diese Behandlung des Geschäftes, sowohl was den Bestand als die Wirksamkeit betrifft, entspricht vollkommen der Natur der Sache. Ein Miethvertrag ist undenkbar, wenn nur der eine Theil, sei es der Vermiether oder der Miether, sein Versprechen in rechtsgiltiger Weise gegeben hat. Ein zweiseitig verbindlicher Vertrag, um den österreichischen Rechtsausdruck zu gebrauchen, mit einseitiger Verbindlichkeit ist eine contradictio in adjecto. Der Umstand, dass der Mündel, weil er sich ohne Einwilligung des Vormundes nicht

---

[6] Vgl. §. 244: Ein Minderjähriger kann ohne Genehmhaltung der Vormundschaft (nicht) ... eine Verpflichtung auf sich nehmen.

verpflichten kann, nicht verpflichtet ist als Miether,
bewirkt nothwendig, dass auch der andere Theil nicht
verpflichtet sein kann als Vermiether. Was nach dem
Willen der Testatoren eigenthümlich ist den correspec-
tiven Testamenten, ist im Wesen der Willenserklärungen
begründet, aus denen ein zweiseitig verbindlicher Vertrag sich zusammensetzt. Um jedoch an Stelle des ungiltigen Vertrages,
falls derselbe sich bei bedächtiger Prüfung als vortheil-
haft für den Mündel erweisen sollte, einen rechtsgilti-
gen Vertrag desselben Inhaltes zu ermöglichen, ver-
bietet der Gesetzgeber dem Mitcontrahenten, bis zur
Aeusserung des Vormundes, beziehungsweise bis zum
Ablauf der hiefür gesetzten Frist zurückzutreten — .
nach dem ungenauen Ausdruck des preussischen Landrechtes: von dem Vertrage, richtiger — von seinem
Versprechen. Durch dieses Verbot ist letzteres zu einem,
auf derselben Linie mit der Offerte zu einem zweiseitig
verbindlichen Geschäfte stehenden, Versprechen erklärt,
welches ohne angenommen zu sein während einer gewissen Zeit verbindlich ist.

Noch ist der Verpflichtete nicht verpflichtet, die
versprochene Leistung zu machen, z. B. den Kaufpreis
zu zahlen, und vielleicht wird er niemals dazu verpflichtet, falls nämlich der Vormund in den Verkauf
der Sache nicht einwilligt. Die Verpflichtung, welche
Jener mit seinem Versprechen übernimmt, besteht
nur darin, dass er eine gewisse Zeit dasselbe aufrecht

erhalten muss, mit der Wirkung, dass eine Zurücknahme rechtlich als nicht geschehen zu behandeln sein
würde.

Die zeitliche Unwiderruflichkeit, welche an das
einseitige Versprechen des selbstmündigen Theiles geknüpft ist, hat aber, wie bereits bemerkt wurde, den
Zweck, die Möglichkeit sicher zu stellen, dass der un-
giltige Vertrag als ein rechtsgiltiger zu Stande komme.
Dieser Erfolg tritt ein mit der das Mündelversprechen
gutheissenden Erklärung des Vormundes, welche gleichzeitig die Annahme des anderseitigen aufrechtstehenden
Versprechens in sich schliesst. Von dem Zeitpunkte,
wo diese Erklärung gegeben wird, datirt daher auch
der rechtswirksame Vertrag. [7]

Es gereicht mir zu aufrichtiger Befriedigung, für
den Grundgedanken der hier entwickelten Ansicht
einen Vorgänger und Gewährsmann in dem verdienst-
vollen Herausgeber der „Beiträge zur Erläuterung des
preussischen Rechtes“, Appellationsgerichtsrath *Gruchot*,
anführen zu können. Derselbe sagt [8] mit Beziehung
auf die mitgetheilte Stelle des Landrechtes: Dieses einseitige Gebundensein des einen Contrahenten erscheint

---

[7] Wenn das sächsische Gesetzbuch §. 787 (vgl. auch deutsch.
Entwurf 24 Abs. 2) die vormundschaftliche Willensäusserung retro-
trahirt, so beruht diese Bestimmung auf der Lehre von der s. g.
relativen Nullität, welcher der Gesetzgeber gefolgt ist. — Ohne
Anhalt in dem Gesetze wendet diese Lehre auch auf das österr.
Gesetzbuch §. 865 *Unger*, System II, S. 165 Note 13 vgl. S. 151 an.
[8] In den genannten Beiträgen I (1857), S. 314.

aber nicht als die Folge eines für ihn allein verbindlichen Vertrages (denn ein solcher besteht noch gar
nicht), sondern lediglich als die Wirkung seines einseitigen Versprechens, mit dem Unfähigen das bezeichnete Vertragsverhältniss einzugehen. Ein Versprechen
dieser Art ist in jedem negotium claudicans nothwendig
zu finden und bildet das einzige rechtlich wirksame
Moment eines solchen Geschäftes. Wenn daher das
Gesetz dieses Versprechen für bindend erklärt, so liegt
darin durchaus nichts Eigenthümliches. Es ist ihm
damit nur eine Wirkung beigelegt, wie sie jedes dem
Abschlusse eines Vertrages vorangehende Anerbieten
hat. Dasselbe darf von dem Erklärenden nicht eher
zurückgezogen werden, als bis die zur Annahme bestimmte Frist fruchtlos verstrichen ist. Zur Annahme
berechtigt und befähigt ist aber in dem hier fraglichen
Falle nicht der Unfähige, dem gegenüber das Versprechen abgegeben worden, sondern allein sein gesetzlicher
Vertreter. Die von dem Erstern erklärte Acceptation
ist daher für nicht geschehen zu erachten, und eben
desshalb die Erklärung des Vaters oder Vormundes
abzuwarten. — Dieser Gesichtspunkt, der die ganze
Theorie der negotia claudicantia als entbehrlich darstellt, scheint bisher nicht gehörig beachtet worden
zu sein."

§. 10.

Das Steigerungsgebot.

Die neueren Untersuchungen über die Versteigerung haben als Ergebniss festgestellt, dass eine zweifache Behandlung dieses Geschäftes möglich und je
nach den Umständen die eine oder die andere geboten sei.

In dem Feilbieten einer Sache kann nämlich
bereits eine Offerte enthalten sein, und zwar ist dieselbe eine Verkaufsofferte, während das Gebot eines
Steigerers die Erklärung ihrer Annahme bildet. Mit
jedem Gebote ist solchen Falles daher schon ein Vertrag zu Stande gekommen, welcher unter der stillschweigenden Bedingung, dass innerhalb des Versteigerungstermines ein besseres Gebot nicht erfolgen sollte,
geschlossen wird. Der Zuschlag hat unter diesen Verhältnissen nur die Bedeutung, dass er das bedingte
Geschäft in ein unbedingtes verwandelt; ein nothwen-

---

* Ueber die Versteigerung haben in neuerer Zeit geschrieben:
E. A. Seuffert, dissert. juridica de auctione 1854. — *Kindervater*,
ein Beitrag zur Lehre von der Versteigerung, dogmat. Jahrb. VII
(1865), S. 1—20 und S. 356—375. — *Ihering*, Bemerkungen zur
vorgenannten Abhandlung, ebenda S. 166—178 und S. 376–394
— *Unger*, noch ein Wort zur Versteigerung, das. VIII (1866),
S. 134–137. — *Regelsberger*, civilr. Erörterungen S. 162—195.
— *Reuling*, noch ein Beitrag zur Lehre von der Versteigerung,
dogmat. Jahrb. X (1871), S. 355–376.

diges Erforderniss bei einer Versteigerung bildet er
nicht. [1]

Andererseits kann aber auch mit dem Feilbieten,
gleichviel ob es mit oder ohne Ausrufspreis geschieht,
blos die Bedeutung einer Aufforderung an die Anwesenden, Offerten zu machen, verbunden sein. In
diesem Falle ist erst mit einem Steigerungsgebote eine
Offerte, welche als eine Kaufofferte sich darstellt, vorhanden. Ihre Annahme erfolgt durch den Zuschlag
mit dem Hammer, welcher daher wesentlich ist, indem
er den Vertrag zur Entstehung bringt. [2]

[1] Von diesem Standpunkte regelt das sächsische Gesetzbuch
§. 810 die Versteigerung. Bei Versteigerungen an den Meistbietenden oder Wenigstnehmenden ist, wenn die Versteigerungsbedingungen nicht etwas Anderes bestimmen, sobald ein Gebot gethan
wird, der Vertrag mit dem Bietenden unter der Bedingung geschlossen, dass innerhalb der vorausbestimmten Zeit oder bis zum
Zuschlage kein besseres Gebot geschieht.

[2] Entsprechend bestimmt der hess. Entwurf 83: Ein Vertrag
im Wege einer öffentlichen Versteigerung an den Meistbietenden
oder Wenigstnehmenden gilt erst für abgeschlossen, wenn auf das
Meist- oder Wenigstgebot der Zuschlag erfolgt ist; der bayerische
Entw. II, 16: Ein Vertrag im Wege einer öffentlichen Versteigerung
gilt dann für abgeschlossen, wenn auf das letzte Angebot der Zuschlag erfolgt ist; und der deutsche Entwurf 53: Der Vertrag im
Wege der Versteigerung an den Meistbietenden oder Wenigstnehmenden gilt, sofern nicht in den Versteigerungsbedingungen etwas
Anderes bestimmt ist, erst dann als geschlossen, wenn auf das Angebot der Zuschlag erfolgt ist. — Ueber ein entgeldliches, dem
Ersteher gegen Verlust der s. g. cautio de non poenitendo s. de
prosequendo licito zukommendes Reuerecht s. z. B. *Sachse*, Handbuch des grossh. sächs. Privatrechtes S. 377.

6*

Gewöhnlich werden die Umstände, unter denen eine Versteigerung vorgenommen wird, so beschaffen sein, dass die zweitgenannte Behandlung angezeigt ist,[3] und man darf daher die hieraus für das Geschäft sich ergebende Natur als die Regel betrachten. Der folgenden Ausführung aber liegt sie ausschliesslich zu Grunde, da nur unter ihrer Voraussetzung das Steigerungsgebot für uns ein Interesse darbietet.

Der Feststellung des Rechtes, welches für ein Gebot solcher Art gilt, ist eine Bemerkung vorauszuschicken.

Die Aufforderung des Versteigerers, Offerten zu machen, schliesst keineswegs die Verpflichtung für ihn ein, die Offerte eines Jeden sich gefallen zu lassen. Er ist vielmehr berechtigt, von Fall zu Fall einen Bieter mit seinem Gebote zurückzuweisen.[4] Die Zurückweisung erfolgt in aller Regel stillschweigend dadurch, dass das gelegte Gebot nicht aufgenommen, d. h. nicht als das zur Zeit höchste Gebot behufs weiterer Steigerung bekannt gegeben wird. Ein solches zurückgewiesenes Gebot aber ist rechtlich als nicht gelegt zu betrachten.[5]

---

[3] Die Voraussetzung für die erstgenannte Behandlung läge nur dann vor, wenn der Versteigerer, z. B. ein Waarenhändler, um mit seinem Lager aufzuräumen, erklären würde, dass er die Gegenstände um jeden Preis an den Meistbietenden abgeben werde.

[4] Vgl. *Glück*, Pandektencommentar XVI, S. 269 und die daselbst Citirten.

[5] So sagt auch *Reyscher*, würtemberg. Privatrecht II, S. 266 Note 10. Damit erledigt sich in befriedigender Weise die frühere

Dies vorausgesetzt lässt sich das für ein Steigerungsgebot geltende Recht in den beiden Sätzen zu-
sammenfassen:

erstens, das Gebot ist unwiderruflich oder bindend,
zweitens, es erlischt, sobald ein höheres Gebot
gelegt worden [6] oder, falls es das Meistgebot geblieben
ist, mit Ablauf des Versteigerungstermines, wenn nicht
inzwischen seine Annahme, d. i. der Zuschlag erfolgt
sein sollte.[7]

In Folge davon, dass ein Gebot von selbst, ohne
dass es zurückgenommen oder widerrufen zu werden

Streitfrage, ob das Mehrgebot das geringere Gebot aufhebe
oder nicht.

[6] Wobei sich nach dem zuvor Bemerkten von selbst versteht, dass es nicht von dem Versteigerer zurückgewiesen wurde.
In einem Gesetze mag dieser Zusatz immerhin ausdrücklich hervorgehoben werden, wie es in dem bayerischen Entwurfe II, 16 Abs. 2,
aber auch nur in diesem, geschehen ist. Der Bietende, heisst es
daselbst, ist an sein Gebot nicht mehr gebunden, sobald ein weiteres Gebot gemacht und nicht zurückgewiesen wurde, es wäre
denn das Gegentheil ausdrücklich in den Versteigerungsbedingungen
festgesetzt.

[7] Die beiden Erlöschungsgründe finden ihre Erklärung in
dem Zwecke einer Versteigerung. Es wird diese Modalität der Vertragsschliessung gewählt, um den höchstmöglichen Preis zu erzielen.
Daher beseitigt ein besseres Gebot das schlechtere; die Aussicht
aber, ein höheres Gebot zu erlangen, ist so lange vorhanden, als
der Versteigerungstermin währt. — Selbstverständlich kann übrigens
ein Versteigerer die Auswahl unter mehreren, etwa drei Höchst-
geboten oder die Genehmigung des Zuschlags innerhalb einer weiteren Frist sich vorbehalten; solchen Falles besteht vertragsmässig
das Gebot bis dahin fort.

braucht, hinfällig wird mit dem Eintritt der bezeichneten Umstände, ist somit bei Steigerungsgeboten allgemein das Rechtens, was z. B. bei Offerten an Abwesende nur nach österreichischem Rechte gilt.[5] Das
Steigerungsgebot ist mit anderen Worten ein nur auf
Zeit gegebenes Versprechen.

Innerhalb der Zeit aber, für welche das Gebot
gemacht ist, verpflichtet dasselbe, obgleich es ein blosses
Versprechen ist, seinen Urheber, und zwar gilt mutatis
mutandis von ihm das Gleiche, was zuvor von Ver-
tragsofferten an Abwesende bemerkt wurde. Noch ist
der Bietende nicht verpflichtet, den gebotenen Preis zu
bezahlen und vielleicht wird er niemals dazu verpflichtet, wenn ihm der Zuschlag nicht zu Theil wird. Die
Verpflichtung, welche das Recht an ein Steigerungsgebot geknüpft hat, besteht nur darin, dass derjenige,
welcher es gelegt hat, innerhalb der Zeit, für welche
es gelegt wurde, bei demselben beharre.

Das Bedürfniss der Unwiderruflichkeit eines Stei-
gerungsgebotes, ohne dass es durch Ertheilung des Zuschlages angenommen worden wäre, liegt klar zu Tage.
Würde man genöthigt sein, ein Gebot sofort anzunehmen, um den Widerruf unmöglich zu machen, und
schlüge desshalb der Versteigerer sogleich auf das erste
Gebot zu, so wäre der ganze Vortheil vereitelt, der
durch die Versteigerung erzielt werden soll. Würde

---

[5] S. oben S. 55. 56 insbes. Note 4.

aber die Annahme oder der Zuschlag in der Hoffnung auf ein höheres Gebot unterlassen werden, so könnte es geschehen, dass das nicht acceptirte durch Widerruf verloren ginge und ein anderes nicht gelegt würde; der Versteigerer wäre in die üble Lage versetzt, mit dem Feilbieten von Neuem es versuchen zu müssen. Die Verpflichtung eines Bieters, sein Gebot aufrecht zu halten, wird in Betracht der eben angeführten Gründe auch allgemein anerkannt.[9] Statt jedoch den Grund der Verpflichtung in dem blossen Worte des Bieters zu finden, wird derselbe in einen Vertrag mit dem Versteigerer verlegt. Insoweit sind alle Rechtsgelehrten, welche sich geäussert haben, Eines Sinnes. Was aber die Beschaffenheit des Vertrages betrifft, welcher selbstverständlich nicht derjenige sein kann, der erst durch die Annahme des Gebotes in Gestalt des Zuschlages entsteht, so lassen sich hierüber die einzelnen Schriftsteller in folgender Weise vernehmen.

Seuffert sagt:[10] Nimirum emtio venditio statui non potest, quippe quod ambo contrahentes nondum sunt obligati. Dici quidem posset, existere negotium claudicans; vero multum melius utimur appellatione pacti de emendo.

Es ist sehr wohl möglich, meint *Kindervater*,[11] dass von zwei Contrahenten nur der eine sich durch

---

[9] Vgl. *Kindervater* S. 8; *Regelsberger* S. 173; *Reuling* S. 370. 371.
[10] L. l. p. 18.
[11] A. a. O. S. 8. 9.

eine bestimmte Offerte binden will, während es dem Gutbefinden des andern überlassen bleiben soll, dieselbe zu acceptiren oder nicht. Hier ist ein ungleicher Vertrag vorhanden und bedarf es noch der Erklärung des Promissars, um denselben zu einem beide Contrahenten bindenden Vertrage zu erheben. Gestattet ist es dabei natürlich dem ·Promittenten, seinem Versprechen auch Bedingungen beizufügen, die bald casualer, bald auch von Seiten des Promissars potestativer Natur sein können. Ein solcher ungleicher Vertrag liegt auch in unserem Falle vor.[12] Der Bieter gibt das bestimmte Versprechen, die von dem Proponenten öffentlich ausgebotene Waare für einen bestimmten Preis zu kaufen, falls nicht ein Anderer ein besseres Gebot abgibt und falls der Proponent seine Einwilligung bis zu einer bestimmten Zeit erklärt.

Ihering spricht:[13] Das Gebot ist keine blosse Offerte, kein blosser Vertragsvorschlag, sondern es ist ein einseitiger Kaufcontract im römischen Sinne, d. h. eine · emtio ohne venditio, eine emtio si volueris, in heutiger Sprache ein pactum de emendo.

Regelsberger endlich äussert sich[14] in folgender Weise: Beim Mangel an Nachrichten muss es dahingestellt bleiben, ob nach römischem Rechte der Steigerer durch sein Gebot gebunden wurde. Juristisch

---

[12] S. auch *Windscheid*, Pandekten II, S. 172 Note 15.
[13] A. a. O. S. 178. Vgl. auch S. 171 und S. 390.
[14] A. a. O. S. 174.

möglich wäre es gewesen unter dem Gesichtspunkte entweder einer emtio venditio sub conditione, si placuerit venditori, oder einer emtio venditio sub pacto, nisi displicuerit venditori. Freilich kommt ein Beispiel eines auf die erste Weise bedingten Kaufes in den Quellen nicht vor, wohl aber die Verstellung des Kaufes in die Willkür des Käufers, der vielbesprochene Kauf auf Probe. Die Bedingung, si res emtori placuerit, greift in die allgemeinen Vertragsgrundsätze nicht weniger scharf ein als die andere, si negotium venditori placuerit, und da §. 4 J. de emtione 3, 23 keinen Anhaltspunkt enthält, dass jener Fall nur auf ausnahmsweiser Anerkennung beruhe, so möchte ich mich für die Rechtsgiltigkeit eines durch die Billigung des Verkäufers bedingten Kaufes erklären.[15] Um die emtio venditio zu vervollständigen, muss man in der einen und andern Gestalt zu jedem Gebot die Annahme des Versteigerers stillschweigend ergänzen.

Weder Seuffert, noch Kindervater und Ihering sprechen sich darüber aus, wodurch das Gebot zu einem wenn auch ungleichen Vertrage oder pactum gemacht werde, und doch bedürfte es hierüber einer Erklärung. Denn damit, dass Jemandem in Folge

---

[15] Dagegen soll nach S. 180 der Vertrag, welcher die Haftung des Bieters begründet, nicht ein Kaufvertrag, sondern ein dem Angebote zur Seite gehender Vorvertrag sein, welcher unter der Bedingung, dass dasselbe nicht von einem zahlungsfähigen Steigerer überboten werde, abgeschlossen wird. Auf diesen Widerspruch hat bereits *Windscheid*, krit. Vierteljahrsschr. X, S. 156 aufmerksam gemacht.

seiner Aufforderung, ihm Offerten zu machen, eine
Offerte wirklich gemacht wird, ist noch kein Vertrag
entstanden. Aber auch aus dem Umstande, dass ein
Bieter mit seinem Gebote nicht zurückgewiesen wird,
lässt sich keine wie immer geartete Annahme desselben
deduciren und darauf hin ein Vertrag statuiren. Ist es
doch eine bekannte Erscheinung im Geschäftsleben,
dass routinirte Auctionatoren häufig mit einem niedri-
geren Ausrufspreise als dem ihnen aufgegebenen Limit
beginnen, um die Steigerungslust zu wecken und zu
beleben. Der Auctionator lässt Gebote zu, auf welche
er den Zuschlag nimmer ertheilen darf und will; nichts
liegt ihm sonach ferner, als ihre wenn auch noch so
verclausulirte Annahme. Die einzige Willenserklärung,
welche in der Aufnahme eines Gebotes von Seiten des
Versteigerers liegt, ist die, dass dasselbe die Basis für
weitere Gebote bilden soll, und dem entspricht auch
der Vorgang bei Auctionen: der Versteigerer wiederholt das gelegte Gebot und knüpft daran die Frage,
ob Niemand mehr biete. Die Annahme eines Gebotes
vor dem Zuschlage und mit ihr der Vertrag ist und
bleibt somit ein Geheimniss, dessen Schleier auch nicht
die oben mitgetheilten, keineswegs glücklich gewählten
Schlussworte Regelsbergers:

Um die emtio venditio zu vervollständigen,
muss man in der einen und andern Gestalt zu jedem
Gebot die Annahme stillschweigend ergänzen,

zu lüften im Stande sind.

§. 11.

Die Auslobung.

Die bisher betrachteten Versprechen verpflichten als solche den Geber blos, temporär im Worte zu bleiben; sie haben, so lange sie einseitig bleiben, für denselben mit anderen Worten nur eine zeitliche Gebundenheit an sein Wort zur Folge. Die Verpflichtung, das Versprochene zu leisten, setzt die Annahme des Versprechens voraus; die Obligation also ist das Ergebniss eines Vertrages.

* Ausführungen über die Auslobung geben *von Bülow*, Abhandlungen über einzelne Materien des römischen bürgerlichen Rechtes I (1817), S. 271—280; *Schütze*, die Auslobung im Jahrb. f. gem. d. R. V (1862), S. 33—73; *Kuntze*, in *Holzschuher's* Theorie und Casuistik des gem. Civilrechtes III (1864), S. 293—302; *Regelsberger*, civilrechtl. Erörterungen 1868, S. 196—227; *von Vangerow*, Pandekten III (1869), S. 255—259; *Exner*, zur Theorie der Auslobung in der Münchner krit. Vierteljahrsschr. XI (1869), S. 337—361; *Tschirner*, de indole ac natura promissionis popularis „Auslobung" dissert. 1869. — Die Germanisten haben ihre Pflicht versäumt. Von einer flüchtigen Erwähnung des Geschäftes bei *Beseler*, System I (1866), S. 475 abgesehen, gedenken unter den Lehr- und Handbüchern des deutschen Privatrechtes nur *Mittermaier's* Grundsätze II, §. 272 a. E. der Auslobung. Hier aber geschieht es mit folgenden bezeichnenden Worten: Eine häufig in Deutschland vorkommende Vertragsform, bei welcher öffentlich allen Andern gegenüber Jemand dem, der gewisse Leistungen machen würde, etwas verspricht oder zur Theilnahme an Unternehmungen auffordert, lässt sich am besten nach Analogie der römischen actio praescriptis verbis beurtheilen.

In der öffentlichen Auslobung [1] liegt dagegen ein
einseitiges Versprechen vor, welches als solches seinen
Urheber nicht blos verpflichtet, im Worte zu bleiben,
sondern auch verpflichtet, demjenigen die Leistung zu
machen, durch welchen die Bedingung erfüllt wird.
Diese zweifache Wirksamkeit einer Auslobung
nachzuweisen und zu begründen ist die Aufgabe,
deren Lösung im Folgenden versucht werden soll.[2]

1. Die Auslobung ist, sobald sie öffentlich geworden, unwiderruflich.

Damit die Erörterung dieses Satzes von einer
festen Basis ausgehe, sehen wir zunächst ab von dem,
was als gemeines Recht behauptet wird, und .beschrän-
ken uns auf das preussische Landrecht, welches mit
Rücksicht auf öffentliche Belohnungen, die auf nütz-

---

[1] Welche dem römischen Leben zwar bekannt, im römischen
Rechte aber nicht anerkannt war. Vgl. *Ihering*, dogmat. Jahrb. IV,
S. 93; *Regelsberger* a. a. O. S. 197 Note *.

[2] Auf die streitige Frage, wie weit der Begriff der Auslobung
reiche, einzugehen, liegt hier keine Veranlassung vor. Bekanntlich
herrscht Meinungsverschiedenheit insbesondere darüber, ob ein Versprechen, an dessen Nichterfüllung sein Urheber ein Interesse hat,
unter den Begriff der Auslobung falle. Dagegen haben sich erklärt
Schütze S. 46—52, *Regelsberger* S. 206—209; dafür *Ihering*,
dogmat. Jahrb. IV, S. 99. 100, *Kuntze* S. 301. 302, *Windscheid*,
Pandekten II, §. 309 Note 6 und Münchner Vierteljahrsschr. X,
S. 157. 158, *Exner* S. 338 ff. — Preisausschreibungen haben manche
Besonderheiten (*Kuntze* S. 300); dieselben heben jedoch den Begriff
der Auslobung nicht auf. S. *Regelsberger* S. 201 und unten
Note 10.

liche Geistesarbeiten oder gemeinnützige körperliche
Fähigkeiten oder Unternehmungen ausgesetzt werden,
I, 11 §. 989 verordnet:

Wer dergleichen Prämien aussetzt, kann sein
Versprechen vor dem Ablaufe der bestimmten Zeit
nicht zurücknehmen.[3]

Zwar haben preussische Juristen diese Satzung,
offenbar unter Einwirkung der gemeinrechtlichen Wissenschaft, in einer Weise verstanden, dass auch sie
keinen Halt böte. Nach der Meinung Einiger soll sie
nämlich nur besagen, dass derjenige, welcher widerrufen würde, Alle, welche sich lediglich aus Anlass der

---

[3] Das österreichische und französische Gesetzbuch haben
keine Bestimmung; das sächsische Gesetzbuch aber verfügt §. 771
gerade das Gegentheil von dem preussischen Landrechte. „Ein
solches — öffentlich bekannt gemachtes einseitiges Versprechen
eines Preises oder einer Belohnung an eine unbestimmte Person
für den Fall einer gewissen Leistung — kann auf gleiche öffentliche Weise so lange widerrufen werden, als die demselben entsprechende Leistung noch nicht erfolgt ist." Aehnlich der bayerische
Entwurf II, 755: Der Auslobende kann die Auslobung durch öffentlichen Widerruf entkräften, so lange nicht die durch die Auslobung
veranlasste Leistung bereits bewirkt ist. — Dagegen hessischer Entwurf 199: So lange ein Dritter das in der Auslobung Bezeichnete
dem Auslobenden nicht geleistet hat, steht es dem letzteren frei,
die Auslobung öffentlich zu widerrufen, es sei denn, dass in der
Auslobung eine Erfüllungszeit bestimmt worden wäre, und deutscher
Entwurf §. 686: Die Auslobung erlischt, — — wenn der Auslobende,
ehe die der Auslobung entsprechende Leistung erfolgt ist, in gleicher
öffentlicher Weise, in welcher die Auslobung geschehen, diese letztere widerruft. Auslobungen, für deren Erfüllung eine Zeit bestimmt
ist, können nicht widerrufen werden.

Aufforderung auf das Unternehmen eingelassen haben,
entschädigen müsse.[4] Allein diese Auffassung ist weder
in den Worten gelegen, noch steht sie, wie die Geschichte der Entstehung des betreffenden Paragraphen
zeigt, mit dem Willen des Gesetzgebers im Einklang.
Im ersten Entwurfe war ungefähr dasselbe bestimmt,
was schliesslich Gesetz geworden ist. Dagegen hatte
v. Tevenar erinnert, dass in der Aussetzung einer
Prämie nichts weiter als eine Pollicitation liege, wesshalb das Versprechen jederzeit zurückgenommen werden könne, bis eine Arbeit wirklich eingegangen sei.
Trotz der Widerrede Suarez' wurde für den Tevenar'-
schen Vorschlag concludirt, mit der Massgabe, dass der
Preissetzer im Falle eines Widerrufes diejenigen entschädigen müsse, welche, um den Preis zu erwerben,
bereits Auslagen und Bemühungen aufgewendet hätten,
und hiernach wurde der gedruckte Entwurf II, 8 §. 709
redigirt. Bei der revisio monitorum aber bemerkte
Suarez, dass er den Momenten beitrete, welche dem
Preissetzer innerhalb einer bestimmten· Zeit keinen
Widerruf gestatten wollten, und in Folge dieser Bemerkung kehrte man zu der Bestimmung des ersten
Entwurfes, welche die Unwiderruflichkeit der Ausschreibung festgesetzt hatte, zurück.[5]

---

[4] *Koch*, Commentar· I, S. 889 Note 48; Lehrbuch des preuss.
Rechtes II, §. 712. — *Kindervater*, dogmat. Jahrb. VII, S. 18.
[5] S. *Bornemann*, systemat. Darstellung des preuss. Civilrechtes III. S. 193 Note 1.

Da die bedingungslose sofortige Unwiderruflichkeit einer Auslobung für das gemeine Recht bis jetzt
von keinem Schriftsteller[6] behauptet, gesetzlich aber
dieselbe nur in dem preussischen Landrechte, und zwar
hier in Beschränkung auf einen bestimmten Fall anerkannt worden ist, so kann es nicht auffallen, dass
kaum ein Versuch vorliegt, diese Unwiderruflichkeit
mit unserem juristischen Denken in Einklang zu bringen. *Ihering* meinte früher,[7] sie lasse sich juristisch
durch die Analogie der Stiftung rechtfertigen. „Eine
Stiftung ist ja ebenfalls nichts Anderes als Aussetzung
von Geld oder Gut in incertam personam. Eine Pote-
stativbedingung ist auch bei ihr nicht ausgeschlossen,
und der ganze Unterschied würde sich also darauf
reduciren, dass die Auslobung sich mit einem Male
consumirt, die Stiftung aber repetirt. Eine einmal aus-
gesetzte Preisfrage ist eine Auslobung, ein Fond zur
periodischen Aussetzung von Preisfragen eine Stiftung.
Wenn aber der Staat als Vormund der personae in-
certae es bei der letztern für nöthig erachtet, sie der

---

[6] Selbst nicht von *Kuntze* a. a. O. S. 299, der die Unwiderruflichkeit nur als Regel in Anspruch nimmt und beifügt: weiterer
Erwägung kann überlassen bleiben, ob einzelne Ausnahmen zu
statuiren seien; so scheint mir z. B. der Billigkeit dies entsprechend
zu sein, dass, wenn der Auslobende widerruft und er nachweist,
dass dies dem andern Theil tempestiv zur Kenntniss gelangt ist, er
von seiner Verbindlichkeit gegen diesen frei sein soll, weil derselbe
solchen Falles als Bewerber dolos handeln würde.

[7] Dogmat. Jahrb. IV (1861). S. 102.

Willkür des Gebers zu entziehen, so kann man es
nicht für ungehörig erklären, dass er dasselbe auch bei
der Auslobung thut." Dass hiermit keine juristische
Construction geliefert sei, anerkennt jedoch Ihering
selbst unmittelbar darauf, indem er verneint, dass sich
auf dem Wege theoretischer Deduction die Unwiderruflichkeit gewinnen lasse. Neuerdings aber äusserte
er sich[8] dahin: „Der Versuch einer juristischen Construction der gänzlichen Ausschliessung der Widerrufs-
befugniss (bei einer Auslobung) führt mit Nothwendigkeit auf meinen Gesichtspunkt der secundären oder
einseitigen passiven Gebundenheit in Bezug auf in der
Entstehung begriffene Rechtsverhältnisse." Ueber diesen
Gesichtspunkt wurde bereits bei einer früheren Ge-
legenheit gesprochen,[9] worauf hier zurückzuweisen ist.

Für uns stellt sich die Sache einfach folgendermassen dar.

Nach preussischem Rechte ist die öffentliche Preis-
ausschreibung, obgleich ein blosses Versprechen, verbindlich. Der Ausschreibende ist noch nicht verpflichtet,
die Prämie zu zahlen und vielleicht wird er hiezu niemals verpflichtet, wenn nämlich die Bedingung nicht
eintritt. Die Verpflichtung, welche das Landrecht an
die Auslobung geknüpft hat, besteht zunächst nur
darin, dass ihr Urheber im Worte bleiben muss.

---

[8] Dogmat. Jahrb. X (1871), S. 470.
[9] S. oben S. 66.

Der Grund aber, wesshalb der Gesetzgeber einen Preisaussetzer bei seinem Worte verhaftet hat, dürfte in dem Gedanken zu suchen sein, dass man der Unwiderruflichkeit im Interesse des Geschäftes bedürfe, indem nur unter dieser Voraussetzung der Nutzen, den Preisausschreibungen oder sagen wir gleich allgemeiner Auslobungen[10] zu bieten vermögen, erreicht und gesichert werden kann. Wie liesse sich erwarten, dass Jemand seine Zeit und Mühe aufwende, sein Geld und Gut daran setze, dass Jemand sein Leben wage oder mit Rücksicht auf eine wissenschaftliche Preisfrage seinem Denken und Trachten eine neue Richtung gebe, wenn er nicht dessen wenigstens sicher sein könnte, dass eine etwaige Sinnes- und Willensänderung des Auslobenden die Grundlage für seine Entschliessungen ihm zu entziehen nicht im Stande sei. Im Selbstvertrauen mag der Bewerber sich täuschen — das ist eine Sache, die er mit sich abzumachen hat; im Vertrauen auf das Wort des Auslobenden muss er Schutz im Rechte finden. Diesen Schutz gewährt aber nur die Verpflichtung des Auslobenden, bei seinem Worte zu bleiben.

---

[10] *Bornemann* a. a. O. S. 194 meint freilich nach dem Vorgang von Bielitz, dass bei Auslobungen der Versprechende jederzeit müsse zurücktreten können, „indem derselbe in infinitum und nachdem die Entdeckung (eines Verbrechers, einer verlornen Sache) ihm vielleicht ganz gleichgiltig geworden, nicht gebunden sein kann". S. dagegen jedoch *Förster*, Theorie und Praxis des preuss. Rechtes I, S. 426.

Allerdings werden von einzelnen Schrifstellern des gemeinen Rechtes [11] gerade für das Gegentheil, für das Bedürfniss der Widerruflichkeit, Gründe der Zweckmässigkeit geltend gemacht. Bei näherer Betrachtung reduciren sie sich indess darauf, dass in der Unwiderruflichkeit „eine ungerechtfertigte Belästigung des Auslobenden, eine wesentliche, unbehilfliche, eine sehr überflüssige Härte, mit der sich der Verkehr nie befreunden wird", gelegen sei. Zur Bekräftigung werden wohl auch Beispiele aufgeführt, in denen es ohne Zweifel einem Auslobenden höchst wünschenswerth erscheinen müsste, sich frei machen und das öffentlich gegebene Wort zurücknehmen zu können. [12] Allein abgesehen davon, dass es dem gegenüber immerhin eine auffällige Erscheinung bleibt, dass, während Auslobungen in öffentlichen Blättern täglich begegnen, man nach Widerrufen vergeblich suchen würde, hätte der Auslobende eine solche üble Lage, in die er gerathen, nur sich selbst zuzuschreiben. An ihm ist es, nicht leichten

---

[11] S. *Regelsberger* a. a. O. S. 215 vgl. S. 202; *Exner* a. a. O. S. 342. 352. vgl. S. 355—357.

[12] Wenn dabei gegenüber einer Auslobung von einem Vertrage gesagt wurde (*Exner* S. 357): „die Erfüllung mag unter veränderten Umständen dem Schuldner sehr hart fallen, aber die Perfection des Geschäftes hat jede nachträgliche einseitige Einwirkung seines Willens auf das einmal begründete Rechtsverhältniss abgeschnitten," so dürfen wir natürlich von unserem Standpunkte aus dasselbe auch auf die Auslobung, obgleich sie ein blosses Versprechen ist, anwenden.

Sinnes zu handeln. Er gedenke der Zukunft und der
möglichen Wechselfälle, er wende die nöthigen Vor-
sichten und Cautelen an, indem er eine Frist setzt und
zu rechter Zeit für die Deckung sorgt, kurz er prüfe
und sehe sich vor, ehe er sich bindet.

In Wahrheit entscheidet denn auch in der gemeinrechtlichen Jurisprudenz für die Widerruflichkeit
einer Auslobung, die übrigens in verschiedenem Umfang vertheidigt wird, weniger die Zweckmässigkeit
derselben, als die Schwierigkeit, ja Unmöglichkeit, mit
den herkömmlichen Vorstellungen und Gedanken das
Gegentheil juristisch zu begründen.[13]

Eine übersichtliche Zusammenstellung der Motivirung, welche in den Ansichten der Rechtsgelehrten sich
findet, und als Echo wiedertönt in den Motiven zu den
gesetzgeberischen Vorarbeiten,[14] dürfte, wie ich glaube,
von der Richtigkeit vorstehender Bemerkung überzeugen.

Die Widerruflichkeit bis zur erfolgten Leistung
wird begründet[15] von *Schweppe*,[16] „weil ein Vertrag

---

[13] Ueber den Nothbehelf, welcher dabei von mehreren Seiten
aus Rücksichten auf den Verkehr und die Billigkeit statuirt wurde,
s. unten Note 23.

[14] Vgl. die Motive zum hess. Entwurf 199, S. 108. 109, und
zum bayer. Entwurf 755, S. 230.

[15] *v. Wening-Ingenheim*, gemein. Civilrecht II (1837), §. 238
behauptet dieselbe nur und zieht daraus die Folge: „es ist also vor
der Leistung keine bindende Pollicitation, viel weniger ein wahrer
wenn auch nur bedingter Vertrag vorhanden.“

[16] Römisches Privatrecht III, §. 504 a. E.

7*

bis dahin gar nicht stattfindet", von *Mühlenbruch* [17]
„theils aus dem Gesichtspunkte des Mandats, theils weil
man sich einer bestimmten Person nicht verpflichtet
hat", von *Holzschuher,* [18] weil „der Consens des Andern
erst durch die wirkliche Leistung oder Handlung zu
Tage kommt" und „erst durch diese thätliche Einwilligung der Promittent gebunden wird", von *Köppen,* [19]
„weil die Forderung, welche sich aus der begonnenen
Verpflichtung entwickeln soll, erst durch die zur Acceptation erforderliche Leistung ihr Subject erhält", von
Jhering, [20] weil „die Leistung den Gläubiger bestimmt,
die Acceptation und die Erfüllung der Bedingung enthält", und „vor der Acceptation noch Niemand einen
Anspruch aus der Auslobung erworben hat", von
Schütze, [21] „weil es an der Uebereinstimmung der
Willenserklärungen fehlt, ein Vertrag nicht in's Leben
getreten ist", von *Windscheid* [22] endlich, weil erst mit
der Leistung „er das Versprechen annimmt". [23]

---

[17] Lehrbuch des Pandektenrechtes II (1844), §. 347 a. E.
insbes. Note 14.

[18] Theorie und Casuistik III, S. 296.

[19] Dogmat. Jahrb. XI, S. 363.

[20] Ebendaselbst IV, S. 98. 101.

[21] A. a. O. S. 68, vgl. S. 69 Note 55.

[22] Pandekten II, §. 309.

[23] Die drei letztgenannten Rechtsgelehrten vereinigen sich
übrigens insoferne zu einer Gruppe, als sie aus Verkehrs- und
Billigkeitsrücksichten, jedoch unter verschiedenen Rechtstiteln, demjenigen, welcher zur Zeit des Widerrufes bereits Vorbereitungen
getroffen, einen Ersatzanspruch zuerkennen, der entfallen würde,

von Bülow, welcher insoferne vereinzelt steht, als
er die Möglichkeit setzt,[24] dass auch vor der Leistung
die Einwilligung des Promissars durch das „Wort" ausgedrückt werden könne, sagt, wenn dies geschehen sein

wenn der Auslobende zu beweisen vermöchte, dass Kläger auch
bei Aufrechterhaltung der Auslobung die Prämie nicht gewonnen
hätte. — Dagegen wurde mit Recht geltend gemacht, dass durch
die Zuerkennung eines blossen Ersatzanspruches und des näher
bezeichneten insbesondere das Publikum, oder, wie wir nach dem
früher Bemerkten sagen dürfen, das Geschäft nicht entsprechend
geschützt werde; überdies wurde eingewendet, dass dadurch der
Auslobende vom Regen, gegen welchen er geschirmt werden soll,
indem er der Haftung, die Prämie zu zahlen, enthoben wird, in
die Traufe kommen könnte, wenn nämlich Mehrere Entschädigung
beanspruchen würden. Diese Möglichkeit ist vorhanden und wird
dadurch nicht beseitigt, dass man an sie mit *Windscheid,* krit.
Vierteljahrsschrift X, S. 157, nicht glauben will; der Ausweg aber,
den *Exner* a. a. O. S. 360 vorschlägt, indem er dem Auslobenden
das Recht einräumt, drohenden Falles „sich so behandeln zu lassen,
als hätte er die Auslobung nicht widerrufen", erscheint unpracti-
cabel. *Schott,* der Vertrag unter Abwesenden S. 144. 145. - Abgesehen von diesen gegen einen Ersatzanspruch überhaupt spre-
chenden Gründen, fehlt es ferner nicht an Einwänden, welche
gegen die einzelnen Rechtstitel, worauf der Entschädigungsanspruch
basirt wird, erhoben worden sind. Gegen *Schütze's* dolus (Jahrb.
f. g. d. R. V, S. 68—70) s. *Regelsberger,* S. 218. 219, während
Schott, Vertrag unter Abwesenden S. 143. 145 ff., zustimmt. Gegen
Ihering's culpa in contrahendo (dogmat. Jahrb. IV, S. 104—106)
s. *Regelsberger,* S. 219 - 221; *Exner,* S. 357. 357. Gegen *Windscheid's* Garantievertrag (Pandekten II, §. 309 Note 5) s. *Regelsberger* S. 221, *Schott* a. a. O. S. 143. 144, während *Exner* S. 358
demselben beigetreten ist.

[24] A. a. O. S. 280. — In neuester Zeit ist ihm *Tschirner,*
l. l. p. 115 sqq. darin beigetreten.

sollte, „so besteht der Vertrag, und kann zwar vor der Erfüllung von Seite des Promissars diesem keine Klage auf die erhaltene Zusage geben, hindert jedoch jede einseitige Aufrufung von Seite des Promittenten".

Das Aufhören der Widerruflichkeit endlich, sobald Jemand Vorbereitungen zu der Leistung getroffen hat, begründet [25] *Unterholzner* [26] damit, dass „es schon als eine Annahme gelten (muss), wenn Jemand etwas thut, um die Belohnung zu verdienen, obgleich er das, worauf die Belohnung gesetzt ist, noch nicht vollbracht hat", *Puchta* [27] dadurch, dass „die Obligatio natürlich erst entsteht, wenn auch ein Gläubiger existirt; dies geschieht (aber) — ihre nachherige Vollendung vorausgesetzt — schon durch die Vorbereitung der Leistung

---

[25] *Arndts* und *Sintenis*, welche gleichfalls der Meinung sind, dass mit der Vorbereitung die Widerruflichkeit einer Auslobung ein Ende nehme, haben eine juristische Begründung dafür nicht gegeben. *Arndts* sagt (Pandekten §. 241 a. E.): die Auslobung wird bindend, wenn vor ergangenem Widerruf von Seiten einer bestimmten Person die das Versprechen bedingende Leistung — — wenigstens schon rechtlich vorbereitet, d. h. zum Zweck derselben, mit Rücksicht auf das Versprechen, schon etwas geschehen ist. *Sintenis*, Civilrecht II, §. 96 a. E., äussert sich: die Obligation tritt hier (bei dem Versprechen einer Gegenleistung unter der Bedingung einer vorangehenden Leistung) erst mit der Erfüllung der Bedingung ein, es kann daher die Zusage bis dahin zurückgenommen werden, — — hat indessen Jemand daraufhin Vorbereitungen zu der Leistung getroffen, so bleibt der Auslober unter der Voraussetzung, dass die Leistung wirklich erfolge, daran gebunden.

[26] Schuldverhältnisse I, S. 53.

[27] Pandekten §. 259 a. E.

auf die erfolgte Auslobung. Bis dahin kann das Versprechen widerrufen werden". Am eingehendsten hat *Regelsberger*,[28] dem *von Vangerow*[29] gefolgt ist, das Aufhören der Widerruflichkeit unter der gedachten Voraussetzung, und zwar auch wieder durch Construirung eines Vertrages begründet. In der Auslobung, sagt er, sind zwei Offerten enthalten, der ausdrücklichen geht stillschweigend zur Seite das Angebot des Auslobenden, dass er sich bei seinem Versprechen behaften lasse, dass er dasselbe nicht widerrufen wolle. Die Annahme dieses „Behaftungsangebotes" oder der Offerte des Verzichtes auf den Widerruf erfolgt — und zwar kann sie nur so erfolgen — durch eine thatsächliche Handlung, nämlich durch den Beginn der geforderten Leistung. Die Wirkung des angebotenen und angenommenen Widerrufsverzichtes aber ist hier wie in anderen Fällen die Unwirksamkeit der Zurücknahme des erlassenen Angebotes.

Wie aus diesen Ansichten und ihrer Motivirung erhellt, liegt die Möglichkeit der sofortigen Unwiderruflichkeit einer Auslobung gänzlich ausserhalb des Gesichtskreises unserer gemeinrechtlichen Juristen; die Ursache dieser Erscheinung aber ist theils die unrichtige Vorstellung, dass die Unwiderruflichkeit eines Versprechens ein entstandenes Schuldverhältniss voraus-

---

[28] A. a. O. S. 222. 223.
[29] A. a. O. S. 257.

setze, theils der Irrthum, dass unwiderruflich nur ein angenommenes Versprechen sein könne.

2. Mit dem Vollbringen der That, worauf die Auslobung den Preis gesetzt hat, erfüllt sich die Bedingung, von welcher Sollen und Haben abhängig gemacht worden war. Mit der Leistung von Seite des ersten Besten ist daher kraft des in der Auslobung erklärten Willens das Schuldverhältniss entstanden; der Leistende ist berechtigt, das Versprochene zu fordern, der Auslobende verpflichtet, dasselbe zu zahlen.

Eine Mitwirkung des Forderungsberechtigten bei Begründung der Obligation findet nur insofern statt, als sein Thun der Bedingung die Erfüllung bringt. Diese Thätigkeit setzt weder eine Kenntniss von der Auslobung, noch die Absicht, das Versprochene zu erwerben, voraus; die That und nur die That ist die Bedingung, woran die Entstehung der Obligation dem erklärten Willen gemäss geknüpft ist. [30]

Will man die Auslobung eine Offerte nennen, so wird sich kaum ein begründeter Einwand dagegen erheben lassen; nur muss dieselbe von einer Vertragsofferte scharf unterschieden bleiben. Während letztere ein Versprechen für den Fall seiner Annahme in sich

---

[30] Uebereinstimmend trotz der Vertragstheorie mit freilich gewundener Begründung: *Regelsberger* S. 211 - 213; entgegengesetzter Ansicht, ohne durch die Theorie vom Vertrage hierzu genöthigt zu sein: *Arndts*, Pandekten §. 241.

schliesst, enthält die Auslobung ein Versprechen unter
der Bedingung einer Leistung.

Da indess nach der herrschenden Ansicht der
Rechtsgelehrten Ein Wille allein nicht genügt, eine
Obligation zu erzeugen, so soll auch das Schuldverhältniss aus einer Auslobung seinen Grund in einem
Vertrage haben. [31] Wider den Wortlaut und entgegen
dem Willen des Auslobenden wird allgemein das fragliche Geschäft zu einer Vertragsofferte gestempelt, und
es fragt sich im Weiteren nur noch, in welcher Weise
die Annahmeerklärung darauf erfolgt.

Unter den Schriftstellern, welche eingehender mit
dieser Frage sich beschäftigt haben, herrscht insoweit
Uebereinstimmung, als ihrer ungetheilten Ansicht nach
die Leistung zur Annahme nothwendig ist, oder mit
andern Worten nicht ohne Leistung acceptirt werden
kann. [32] Bei Feststellung des weiteren Erfordernisses

---

[31] Die Meinung *von Savigny's,* Obligationenrecht II, S. 90. 91,
dass überhaupt keine Obligation aus einer Auslobung entstehe, darf
heutzutage als allseitig verworfen betrachtet werden. — Was aber
die Zusammenstellung der Auslobung mit der römischen pollicitatio
(s. *Puchta*, Pandekten §. 259; *Arndts* §. 241; *Kuntze* S. 299;
Sintenis, Civilrecht I, S. 96) betrifft, so ist damit weder theoretisch
etwas erklärt, noch praktisch etwas gewonnen, wie bereits *Exner*
S. 344 mit Recht bemerkt hat.

[32] Vgl. *Schütze* S. 54; *Regelsberger* S. 204, d; *Exner*
S. 345. — Wenn *von Bülow* und *Tschirner* (s. Note 24) eine blos
wörtliche Annahme zulassen und *Unterholzner* (s. Note 26) schon
die Vorbereitung als Annahme behandelt, so hat in dieser Anwen-

der Annahmeerklärung gehen jedoch die Meinungen der einzelnen Juristen, welche ihren Scharfsinn daran gewendet, auseinander, indem jeweils der Nachfolger etwas zu bessern verstand an dem, was der Vorgänger gefunden.

Der erste Schriftsteller [33] sagt: die Annahme wird erklärt dadurch, dass die geforderte Leistung in der Absicht, der Offerte nachzukommen, gemacht wird.

Ein zweiter [34] vervollständigt: die Annahme wird erklärt dadurch, dass die Leistung im Hinblick auf die Auslobung und in der Absicht auf den Erwerb der zugesicherten Belohnung vorgenommen wird.

Der dritte [35] endlich rectificirt: Die Annahme wird erklärt dadurch, dass unter Berufung auf die, gleichviel in welcher Absicht, vollbrachte Leistung die Belohnung gefordert wird.

Was die beiden ersten Meinungen betrifft, zwischen welchen ein praktischer Unterschied nicht besteht, so trifft sie gemeinschaftlich der Vorwurf, dass sie etwas Fremdartiges in das Versprechen hineintragen. Nicht dem, welcher mit Rücksickt auf die Auslobung, oder

---

dung die Annahme nur die Bedeutung, welche *Regelsberger* der Annahme seines „Behaftungsanerbietens" beilegt, dass sie nämlich den Widerruf ausschliesst.

[33] *Schütze* S. 55.

[34] *Regelsberger* S. 211—213. — Zustimmend *Windscheid*, Pandekten II, §. 309, insbes. Note 4; *Kuntze* S. 300; *v. Vangerow*, Pandekten a. a. O.

[35] *Exner* S. 348. 349.

mit Rücksicht darauf und in der Absicht, die Prämie zu lucriren, leistet, sondern dem, der — gleichviel aus welchem Anlass und mit welcher Absicht — leistet, wird der Lohn versprochen, und daher auch der Anspruch auf denselben erworben. „Wer (aber) das Gefundene hergibt, die erste Kanone wegnimmt, ohne von der Auslobung zu wissen, hat unmöglich acceptirt — — und wer von der Auslobung weiss und daraufhin handelt, hat nur den Gedanken, die Bedingungen seines Forderungsrechtes zu erfüllen, nicht erst einen Contract einzugehen".[36]

Den Zwang, welcher hiernach durch die besondere Qualification der Leistung geübt wird, vermeidet glücklich die dritte Meinung. Allein auch sie ist aus einem andern Grunde unhaltbar, wegen der falschen Deutung nämlich, die der Forderung der Prämie gegeben wird. Wer die für eine Leistung versprochene Belohnung beansprucht, will damit nicht erst die Verpflichtung des Auslobenden, dieselbe zu zahlen, begründen. Er betrachtet dieselbe als bereits begründet. Anerkennt nun aber auch das Recht die in diesem Sinne gestellte Forderung, und gibt es ihr nöthigenfalls Folge, so ist damit erwiesen, dass die Auslobung, ohne einer Annahme zu bedürfen, als blosses Versprechen verpflichtet.

Erscheinen sonach die verschiedenen Versuche missglückt, welche zur Herstellung eines Auslobungs-

---

[36] *Brinz*, Pandekten S. 1549.

vertrages unternommen wurden, so dürfen wir die Erörterung abschliessen, ohne uns in den Widerstreit der
Ansichten einzulassen, welche bezüglich der Natur des
vermeintlichen Vertrages geäussert worden sind. Wir
erfüllen blos die Pflicht eines Berichterstatters, wenn
wir mittheilen, dass die Einen [37] in der Auslobung einen
einseitig bedingten, Andere [38] einen wechselseitig verbindlichen Vertrag erkennen, und letzterer bald als ein
Analogon der locatio conductio operis oder operarum, [39]
bald als ein dem römischen Innominatcontracte ähnliches Gebilde [40] betrachtet wird.

§. 12.

Die Schuldverschreibung zu Gunsten ihres Inhabers.

Es ist eine häufige Erscheinung im heutigen Verkehrsleben, dass eine Schuld ohne Angabe des Grundes
in begebbarer Urkunde gegen Rückgabe derselben versprochen wird.

Hierin ist das Gemeinsame der sogenannten Recta-,
Ordre- und Inhaberpapiere enthalten, während das

---

[37] v. *Bülow* a. a. O.; *Ihering*, dogmat. Jahrb. IV, S. 97;
Schott, Vertrag unter Abwesenden S. 140. 141.

[38] Vgl. *Schütze* S. 64 ff.; *Förster*, preuss. Privatrecht I,
S. 427; *Regelsberger* S. 204.

[39] So von *Schütze* und *Förster* a. a. O.

[40] Von *Regelsberger* a. a. O.

* Das Hauptwerk über die Inhaberpapiere, worin auch die
Ordrepapiere dargestellt sind, ist *Kuntze's* Lehre von den Inhaber-

unterscheidende Merkmal in den Personen gelegen ist,
zu deren Gunsten unter der Voraussetzung, dass sie
Inhaber der Urkunde sein werden, die Leistung versprochen wird.

Beim Rectapapier verschreibt der Aussteller die
Schuld nur einer mit Namen bezeichneten Person; im
Ordrepapier wird das Versprechen in erster Linie ebenfalls zu Gunsten einer genannten Person, gleichzeitig
aber ausserdem zu Gunsten eines jeden ordnungsmässigen Indossatars gegeben, und im Inhaberpapier
endlich verpflichtet sich der Aussteller von vorneherein
einem Jeden, wer er sei und wie er auch heissen möge.

Ordre- und Inhaberpapiere haben demnach gegenüber
den Rectapapieren das miteinander gemein, dass einmal für Alle, welche zunächst und in der Folge, laut
Ordre oder ohne Weiteres, Inhaber sein werden, die
Schuld übernommen wird.[1]

---

papieren 1857. Die seitdem erschienene Literatur verzeichnet *Thöl*,
Handelsrecht I (1862), S. 137 Note. Neuerdings hinzugekommen
ist *Stein*, Skizze einer Theorie der Inhaber- und Ordrepapiere in
der österr. Gerichtszeitung 1871, Nr. 67 bis 72; *Geller*, Beiträge zu
einer Theorie der Ordre- und Inhaberpapiere, ebenda 1873, Nr. 40
bis 44. — Werthvoll sind auch die Verhandlungen der Dresdener
Conferenz, worüber die Protocolle Bd. II (1864), S. 1018 1061;
1099—1101; 1104. 1105; 1130. 1131; 1151—1163. Bd. II (1866),
S. 3834—3863 zu vergleichen sind.

[1] Demgemäss steht die relative Entstehung des Forderungsrechtes, d. h. die Entstehung desselben in der andern und dritten
Hand, völlig gleich der absoluten Entstehung oder der Entstehung
des Rechtes in der ersten Hand. Auch das Recht des späteren

In allen drei Fällen aber ist die Verschreibung und nur die Verschreibung, also ein blosses Versprechen der Verpflichtungsgrund. Da jedoch ein solches Versprechen ausdrücklich[2] unter der Voraussetzung gemacht wird, dass die Urkunde in die Hand der genannten, beziehungsweise überhaupt irgend einer von dem Aussteller verschiedenen Person gekommen sei, so fordert das Versprechen zu seiner Wirksamkeit den Eintritt dieser Voraussetzung, welche bei Inhaberpapieren zugleich die weitere Eigenthümlichkeit hat, dass auch die Person des Berechtigten erst mit ihrem Eintritte eine bestimmte wird.

Die Zeit, wann, und der Ort, wo die Voraussetzung sich verwirklicht, kommt für die Beurtheilung des entstandenen Schuldverhältnisses rechtlich nicht in Betracht. Mit der Erlangung der Schuldverschreibung erwirbt der Genannte, beziehungsweise der nächste Beste ipso jure, ohne sein Wissen und Wollen, ähnlich wie ein necessarius heres das Erbrecht, das Forderungsrecht; aber er erwirbt dasselbe aus der Verschreibung und es ist daher die Zeit und der Ort ihrer Ausstellung entscheidend. Desgleichen ist die Art, wie die Voraus-

---

Inhabers gründet sich unmittelbar, d. h. ohne dass eine Cession, Singularsuccession oder Novation dazwischenläge und ohne dass es zur Erklärung der Aufstellung einer absoluten Pflicht bedürfte, auf das Versprechen des Ausstellers.

[2] Vermöge der Worte „gegen diesen Schein" u. s. w. oder dadurch, dass die Schuld dem „Ueberbringer" u. s. w. der Verschreibung versprochen ist.

setzung sich verwirklicht, wenn auch in anderer Richtung bedeutungsvoll,[3] für die Entstehung und das Dasein des Schuldverhältnisses bedeutungslos.

Durch die Ordreclausel und in noch höherem
Grade durch die Verstellung eines Briefes auf den
Inhaber ist das Schuldversprechen zu einem für den
Verkehr bestimmten Werthobjecte gemacht,[4] und so
vielgestaltig dieser sich bewegt, auf so verschiedene

---

[3] Relevant ist die Art, wie eine Schuldverschreibung aus der
Hand des Ausstellers in die Hand eines Andern gekommen, einmal
bezüglich der erfolgreichen Geltendmachung des Rechtes, sodann
hinsichtlich des Schutzes im Behalten der Verschreibung. Dem aus
aber nicht an der Verschreibung Berechtigten steht bei Geltendmachung des Rechtes eine wirksame Einrede entgegen, und ferner
kann ihm die Verschreibung, deren Innehabung die Voraussetzung
seines Rechtes ist, entzogen werden mittelst einer Vindication und,
wie anerkannt werden sollte, auch in Folge eines Amortisations-
gesuches des verlusttragenden Ausstellers. Vgl. *Kuntze*, Archiv f.
Wechselrecht XIV, S. 9. 12 und die folgende Note.
[4] Nicht die Obligation, wie *Savigny*, Obligationenrecht II,
S. 99 sagt, und nicht das Forderungsrecht, wie *(Liebe)* die allg.
deutsche Wechselordnung mit Einleitung S. 101 erklärt, ist ver-
körpert. — Insofern aber die Schuldverschreibung in begebbarer
Urkunde ein für den Verkehr bestimmtes Werthobject ist, gewinnt
die Frage nach dem rechtlichen Verhältniss, in welchem der Inhaber zu der Schuldverschreibung steht, ob er ihr Eigenthümer,
beziehungsweise redlicher Besitzer, juristischer Besitzer oder blosser
Detentor sei, Bedeutung. Diese Frage entscheidet sich, unabhängig
von der Frage der obligatorischen Berechtigung, nach eigenen Gesetzen, und es muss daher ein Recht an der Verschreibung und das
Recht aus der Verschreibung wohl unterschieden werden. A. M.
Thöl, Handelsrecht I, S. 327 Note 6; S. 328 Note 9.

Weise kann die für die Verpflichtung, beziehungsweise
Berechtigung in der Schuldverschreibung gemachte
Voraussetzung ihre Verwirklichung finden.
Thatsächlich wird regelmässig die Schuldverschreibung von ihrem Aussteller gegeben und von dem Andern genommen werden. Selbst dieser im Leben gewöhnliche Vorgang, das Geben und Nehmen, kann
jedoch aus Anlass verschiedener Gründe, zu verschiedenen Zwecken und mit verschiedener Rechtswirkung
stattfinden. Am häufigsten wird zufolge eines Vertrages[5] der
Aussteller verpflichtet sein, dem Andern die Schuldverschreibung zu geben. Ihre Uebergabe ist in diesem
Falle Leistung, ihre Uebernahme Empfangnahme der
Leistung.[6] Eine Erklärung, welche zu dem in der Urkunde gegebenen Versprechen in Beziehung stehen
würde, ist in der Entgegennahme derselben überall
nicht enthalten. Die Uebernahme eines gekauften
Wechsels unterscheidet sich in keiner Weise von der
Uebernahme eines gekauften Balges. Der Empfänger
wird bei der Lieferung prüfen, ob der Gegenstand,

---

[5] Dieser Vertrag, wobei der Eine in Worten „gibt", der
Andere „nimmt", d. h. jener zu geben, dieser zu nehmen verspricht, heisst mit Rücksicht auf das Ordrepapier des Wechsels:
pactum de cambiando, Wechselschluss, Wechselvertrag, während
Thöl ihn zum Wechselvorvertrag stempelt.

[6] So sagt schon *Biener*, wechselrechtliche Abhandlungen
S. 370—373. — Beachtenswerth ist die seltsame Argumentations-
weise *Thöl's*, Handelsrecht II, S. 188 Note 1.

hier die Schuldverschreibung, den Anforderungen, welche beim Abschluss des Kaufgeschäftes gestellt worden sind, entspreche, so dass in der Annahme höchstens die Erklärung gefunden werden kann, die Leistung sei eine dem getroffenen Uebereinkommen entsprechende.

Möglicherweise kann weiter das Geben und Nehmen einer Schuldverschreibung das Angebot und die Annahme an Zahlungsstatt sein. Beabsichtigt der Aussteller ein Geschenk zu machen, so ist das Geben der Verschreibung nicht das Versprechen einer Schenkung, sondern diese selbst und die Annahme Entgegennahme des geschenkten Gegenstandes, nicht Acceptation eines Schenkungsversprechens.

Ferner kann das Geben und Nehmen in anderer Absicht als die ist, Eigenthum zu übertragen und zu erwerben, erfolgen; die Verschreibung kann zu Pfand, zur Aufbewahrung oder in Commission zum Verkauf gegeben und genommen werden. [7]

Es ist weiter nicht nothwendig, dass das Nehmen in unmittelbarem Anschluss an das Geben erfolgt sei; die Voraussetzung wäre auch dann eingetreten, wenn die Schuldverschreibung genommen wurde, nachdem sie von ihrem Aussteller derelinquirt worden.

---

[7] Damit im Zusammenhange steht, dass es, was wegen der Einreden von Wichtigkeit ist, keine offene procura, sondern nur eine stille Stellvertretung bei der Geltendmachung von Forderungen aus den Inhaberverschreibungen gibt.

Endlich aber würde dies selbst dann der Fall
sein, wenn dem Aussteller der Schuldbrief ohne oder
wider seinen Willen abhanden gekommen, wenn er in
Verlust gerathen wäre und ein Anderer denselben gefunden hätte,⁵ oder wenn er dem Aussteller entwendet
worden wäre. In der letzteren Behauptung hat man
allerdings einen „Widerspruch mit dem Wesen der
Rechtsordnung",⁹ einen „Verstoss gegen alle Rechts-
principien"¹⁰ finden wollen; würde indess dieser Vorwurf des Verstosses begründet sein, so müsste überhaupt die rechtliche Möglichkeit geläugnet werden,
Schuldverschreibungen schlechthin zu Gunsten ihrer
Inhaber auszustellen. Wenn ferner *Thöl*¹¹ sagt: dass
der Dieb durch den Diebstahl Gläubiger werde, sich
also einseitig zum Gläubiger machen könne, dafür ist
weder der Wille im Verkehr, noch ein Bedürfniss des
Verkehrs, so ist hierauf zu erwidern, dass das Recht
des Diebes allerdings nicht um seinetwillen von dem
Willen im Verkehr gefordert, vielmehr als eine leidige,
aber unvermeidliche Consequenz mit in Kauf genommen

---

⁵ Eine ausdrückliche Gesetzesstelle hiefür findet sich (s. *Kuntze*,
Inhaberpapiere S. 374) in dem würtembergischen Gesetz vom 16. September 1852 Art. 15, wonach die Staatsschuldenzahlungscasse, welcher ein Schuldschein verloren gegangen, diesen dem Ueberbringer
zahlen muss, wofern sie ihm nicht unredlichen Erwerb nachzuweisen vermag. Vgl. oben S. 111 Note 3.
⁹ *Bluntschli*, deutsch. Privatrecht 2. Ausg. S. 323.
¹⁰ *Jolly*, krit. Vierteljahrsschr. II, S. 554.
¹¹ Handelsrecht I, S. 328 Note 7.

wird, so dass von dem Forderungsrechte des Diebes
dasselbe zu sagen ist, was von seinem Rechte des Be-
sitzes gilt.[12]

Bei Erwägung der Möglichkeiten, wie die in der
Verschreibung gemachte Voraussetzung sich verwirk-
lichen kann, haben wir gleich den meisten Juristen,
entsprechend dem Wortlaut der Verschreibungen, das
Recht und damit das Schuldverhältniss als abhängig
von der blossen Innehabung der Schuldverschreibung
angenommen.[13] Andere, z. B. Savigny und Walter,
fordern freilich statt der Detention das Eigenthum,
wieder Andere, wie Thöl und Bluntschli, redlichen
Erwerb auf Grund einer Tradition, und noch Andere,
wie Kuntze und Bekker, mindestens juristischen Besitz.
Solche über das Mass des ausgesprochenen Willens des
Ausstellers derartiger Schuldverschreibungen hinaus-
gehende Forderungen hängen zum guten Theil zu-
sammen mit den Theorieen über das Rechtsgeschäft,
dem die Obligation ihre Entstehung verdankt, wobei
die nothwendige Ausgleichung mit dem praktischen
Bedürfnisse durch Präsumtionen, durch die Annahme
einer „Legitimation" und die Anerkennung der Libe-

---

12 Vgl. *Ihering*, dogmat. Jahrb. XI, S. 55.

13 Damit stimmt auch der deutsche Entwurf Art. 17 überein:
Beruht ein Schuldverhältniss auf einer Urkunde, durch welche sich
deren Aussteller zu einer Leistung an jeden Inhaber der Urkunde
verpflichtet hat, so ist der Inhaber vermöge seiner Innehabung, ohne
Rücksicht auf den Grund seines Erwerbes, Gläubiger der in der
Urkunde bezeichneten Forderung.

8*

rirung des Schuldners im Falle der Leistung an einen Unberechtigten erstrebt wird.

Die Erörterung ist damit von selbst zu der Untersuchung geführt, in welcher Weise die Frage nach dem Verpflichtungsgrunde oder nach der Natur des Rechtsgeschäftes, wodurch Schuld und Forderung begründet werden, bisher beantwortet wurde. Dabei kann die Bemerkung nicht unterdrückt werden, dass diese Frage in der so reichen Literatur über die Ordre- und Inhaberpapiere eine verhältnissmässig stiefmütterliche Behandlung erfahren hat. Von vielen Schriftstellern wird sie ganz übergangen,[14] von anderen blos oberflächlich berührt, indem kurzweg von einer promissio,[15] von einem Zahlungsversprechen,[16] von einer confessio et pollicitatio,[17] von einem Versprechen[18] oder Schuldversprechen[19] die Rede ist.

Bei den Schriftstellern, welche dagegen bestimmter sich ausgesprochen haben, spielt auch hier der Vertrag, auf dessen Construction übrigens begreiflicher Weise die allmälige Klärung der Ansicht von der Natur der fraglichen Schuldverschreibungen nicht ohne Einfluss geblieben ist, eine Rolle.

---

[14] Vgl. z. B. *Walter*, deutsches Privatrecht §. 257. — *Gengler*, deutsch. Privatrecht S. 171.

[15] *Kind*, quaest. forens. III (1807), cap. 48, S. 118. 119.

[16] *Glück*, Pandekten XVI (1814), §. 1022.

[17] *Schellwitz*, diss. de cautionum public. vindicatione. 1824.

[18] *Dunker*, Zeitschr. f. d. R. II (1841), S. 49.

[19] *Gerber*, deutsch. Privatrecht §. 160.

Nach den Ausführungen *von Bülow's*[20] und *Renaud's*[21] ist der Vertrag, welcher den Verpflichtungsgrund für den Aussteller eines Inhaberpapieres, das ein blosser Schuldschein ist, bildet, ein Nebenvertrag, der ausser dem Darlehensvertrag von dem Empfänger des Geldes mit dem Darleiher abgeschlossen wird. Der Inhalt dieses Nebenvertrages besteht aber nach Bülow darin, dass der Darleiher den Schuldner ermächtigt und letzterer sich verpflichtet, dem jedesmaligen Besitzer eines diesen Vertrag documentirenden Scheines ohne ein Verlangen nach weiterer Legitimation Zahlung zu leisten.

Es leuchtet ein, dass damit der Verpflichtungsgrund gegenüber dem dritten Besitzer des Schuldscheines nicht bestimmt ist. Diesem Gebrechen hat Renaud durch Benützung des Gedankens einer hier stattfindenden Singularsuccession abzuhelfen gesucht. Er bestimmt demgemäss den Inhalt des Nebenvertrages dahin, dass die Forderung auf Rückzahlung der dargeliehenen Summe nicht blos ihm, dem Darleiher, sondern jedem Singularsuccessor zustehen soll, und die Singularsuccession durch die Uebergabe des über den Nebenvertrag ausgestellten Scheines und nur dadurch soll bewerkstelligt werden können.

---

[20] Abhandlungen über einzelne Materien des röm. bürgerl. Rechtes 1817, Th. 1, S. 342.

[21] Beitrag zur Theorie der Obligationen auf den Inhaber in der Zeitschr. f. d. R. XIV (1853), S. 329—331.

Nach der Meinung von *Schumm*,[22] welcher gleichfalls in dem Inhaberpapier nur einen auf Grund
eines Darlehens ausgestellten Schuldschein sieht, willigt
der Darleiher in der Annahme dieses Schuldscheines,
worin die Zahlung an jeden Besitzer der Urkunde
versprochen wird, in dieses Versprechen ein und dieselbe Einwilligung erklärt auch jeder weitere Erwerber,
indem er die au porteur gestellte Urkunde nimmt.
Der Verpflichtungsgrund ist hiernach sowohl gegenüber dem Darleiher, als auch gegenüber dem Dritten
ein Vertrag, welcher mit jedem Erwerber erneut geschlossen wird, indem letzterer durch die Annahme des
eigenthümlich gefassten Schuldscheines über einen ur-
sprünglichen Darlehensvertrag seine Einwilligung zu
dem Versprechen ausdrückt.

Wesentlich verschieden von den bisher betrachteten Vertragstheorieen ist die Theorie von dem sogenannten Begebungsvertrage oder, wie er auch genannt
wird, Literalcontract des modernen Rechtes. Derselbe
besteht darin, dass das ohne Angabe eines Grundes
schriftlich gefasste Schuldversprechen (s. g. Summenver-
sprechen) von dem Aussteller gegeben und von dem
Andern genommen wird. Dieser Vertrag wurde für
das Ordrepapier des Wechsels von *Thöl*[23] begründet,
in dieser Anwendung von einer grossen Anzahl von

---

[22] Die Amortisation verlorener Schuldurkunden 1830, S. 40 ff.
[23] Handelsrecht II, §. 192, 216, 252, 290.

Juristen adoptirt, und von *Unger*[21] unter gleichzeitiger
Verwendung der römischen Delegation und Zuhilfe-
nahme der Stellvertretung auch auf die Inhaberpapiere
übertragen.

Das Willkürliche des Begebungsvertrages liegt
jedoch einmal in der Supposition, dass in der Entgegennahme einer Schuldverschreibung eine Erklärung
der Annahme des in der Verschreibung enthaltenen
Versprechens gelegen sei,[25] sodann darin, dass er nur
mittelst einer zu diesem Zwecke behaupteten, aber
nicht begründeten Rechtsvermuthung, der Traditionspräsumtion,[26] sich aufrecht erhalten lässt.

Die Inhaber- und Ordrepapiere bilden übrigens
diejenige Erscheinung im Verkehrsleben, bei welcher
die Erkenntniss, dass der Vertrag als Verpflichtungsgrund unanwendbar sei, in neuerer Zeit zuerst und
allgemeiner sich Bahn brach. Zunächst freilich fand sie
nur in flüchtig hingeworfenen Bemerkungen einen Ausdruck: so bei *Puchta*,[27] wenn er sagt, dass das Rechtsgeschäft keines der gewöhnlichen obligatorischen Geschäfte sei, bei *Liebe*,[28] sofern er von einem contractus
spricht, „wenn dieser Ausdruck ganz genau wäre“,

---

[24] Die rechtl. Natur der Inhaberpapiere 1857, S. 106—109,
S. 111—121.

[25] Vgl. dagegen namentlich unten §. 13 vor Note 14.

[26] Gegen die Identificirung dieser Präsumtion mit der des
redlichen Erwerbes s. *Kuntze*, Archiv XIV, S. 11.

[27] Cursus der Institutionen III (1847), §. 267.

[28] Die allg. d. Wechselordnung 1848, S. 129.

bei *Einert*, [29] indem er mit Rücksicht auf das Wechsel-
geschäft meint, „dass wir die römische Contracttheorie
verlassend, den Wechsel nicht als das Product einer
Convention zu betrachten haben, sondern in dem
Wechsel ein von dem Aussteller mit dem Publicum
beabsichtigtes Geschäft erkennen". Auch *Savigny* [30] weist
den Vertrag zurück, obgleich er das Rechtsgeschäft,
welches den Verpflichtungsgrund bildet, mit diesem
Namen belegt, indem er es einen Vertrag cum incerta
persona nennt. Mit Recht hat man darin eine contradictio in adjecto gefunden, [31] und mit Recht wurde erklärt, dass es an dem andern Contrahenten entschieden
gebreche. [32] Und doch verdient Savigny den Vorwurf
nicht, dass er sich selbst widerspreche, wie er denn
auch an einen Contrahenten nicht gedacht hat. Der

[29] Ueber das Wesen und die Form des Literalcontractes in
der Zeitschr. f. Rechtspflege u. Verwaltung XI (1853), S. 72.

[30] Obligationenrecht II (1853), S. 89 ff., dem sich *Weber* in
Elvers' Archiv f. prakt. Rechtsw. III (1855), S. 187 vollständig an-
geschlossen hat.

[31] *Kuntze*, Inhaberpapiere S. 356.

[32] Wer soll hier — fragt *enaud*, Zeitschr. f. d. R. XIV,
S. 329 — als der dem Aussteller der Schuldurkunde gegenüber-
stehende Contrahent betrachtet werden? Doch nicht der unbekannte
Kreis von Personen, welchem sich jener angeblich obligiren wollte,
d. h. mit anderen Worten die ganze Reihenfolge der Inhaber des
Papiers, als eine Einheit gedacht. Ebensowenig aber wird man
einen Vertrag des Schuldners mit jedem neuen Inhaber unterstellen
wollen, oder endlich eine Stellvertretung aller späteren Inhaber
durch den ersten Nehmer des Papiers mit Grund annehmen können.

Vorwurf, der Savigny trifft, muss sich darauf beschränken, dass er den Ausdruck „Vertrag" miss-
bräuchlich für ein Versprechen verwendet hat. [33] Bestimmter, wenn auch ohne die nöthige Klarheit, spricht
Sachsse [34] von einer „einseitigen Zusicherung", und
fügt begründend hinzu, dass „nicht nur der bestimmte
Einzelne nicht arglistig durch Betrug getäuscht, sondern
auch das öffentliche Vertrauen nicht hintergangen
werden darf, und selbst die einseitige, aber in irgend
einer Weise für die Oeffentlichkeit abgelegte Willenserklärung daher schon eine Art bindende Kraft hat,
und sogar in manchen Beziehungen zur Begründung
wirklicher Rechtsansprüche genügen kann, insoweit der,
der sie ablegte, für die Folgen derselben im Verkehrsleben einstehen muss". In ähnlichem Sinne äussert
Bekker, [35] wiewohl er sich dagegen entscheidet, die
Möglichkeit der Begründung einer Obligation, „die den
Gläubiger noch sucht, aber doch den Schuldner bindend

— *Jolly*, Archiv f. Wechselrecht IV (1855), S. 386—388 setzte,
indem er den Vertrag mit einer unbestimmten Person ernstlich als
Vertrag nahm, als Contrahenten das Rechtssubject in abstracto, was
er jedoch später — Münchener krit. Vierteljahrsschr. II (1860),
S. 564, selbst als einen Fehlgriff bezeichnet hat.

[33] Wie sich daraus ergibt, dass von dem Vertrag zunächst
nur im Sinne von Privatwillkür (S. 89) die Rede ist und dann
derselbe auf eine Linie mit den Auslobungen und Preisausschreibungen (S. 90 f.) gestellt wird.

[34] Zeitschr. f. d. R. XIV (1857), S. 54. 55.

[35] Jahrb. f. g. deutsch. R. I (1857), S. 367—372.

schon besteht, durch einseitige Verheissung des Schuldners. Der Aussteller ist schon durch sein Versprechen
selber gebunden, vorläufig sein Versprechen nicht zurück-
zuziehen, nach der Acceptation, welche durch die Annahme des Papieres erfolgt, es zu erfüllen."
Ein anderer Werth als der, die wachsende
Ueberzeugung von der Unzulässigkeit, den Vertrags-
standpunkt festzuhalten, kommt solchen abgerissenen
Aeusserungen freilich nicht zu. Die Preisgebung der
gewohnten Vertragstheorie kann nur dann erwartet
werden, wenn für dieselbe in einer andern durch-
dachten Theorie ein Ersatz gefunden ist.

Das Verdienst nun, zuerst eine solche begründet
zu haben, gebührt *Johannes Kuntze*, der mit einem
reichen Schatze eigenen Geistes und seltener Gelehr-
samkeit an die Lösung der Aufgabe gegangen.

Der Theorie, welche speciell für die Inhaber- und
Ordrepapiere von ihm entwickelt wurde,[36] mangelt nicht

---

[36] Vgl. die angeführte Monographie, bes. S. 334—362; ferner
Ueber den Verkehr mit negociablen Creditpapieren, insbes. über
den Charakter der Creation, des Acceptes und des Indossamentes als
einseitiger Literalacte, Archiv f. Wechselrecht VIII (1859), S. 345 ff.
bes. S. 385—411. — Deutsches Wechselrecht 1862, S. 46-48;
S. 293—312, und die Selbstanzeige, Archiv f. Wechselrecht XI
(1861), S. 141. 142. — *Goldschmidt's* Zeitschr. VI (1862), S. 15. 16.
— Ueber Begriff und Charakter des Wechsels, Archiv f. Wechselrecht XIV (1865), S. 3—12; endlich die Besprechung einer Gegen-
schrift von *Gareis*, die Creationstheorie 1868, in *Schletter's* Jahrb. XIII
(1870), S. 17—20.

ein allgemeinerer Hintergrund. Gleich uns geht Kuntze
von dem Unterschied römischer und germanischer
Rechtsauffassung aus; nach ersterer hatte der Gläubiger
die Hauptrolle, die Initiative, nach der andern der
Disponent und Schuldner, und dies, sagt er, macht den
Charakter des sogenannten einseitigen Rechtsgeschäftes
oder Rechtsactes aus.

Im späteren römischen Rechte war freilich der
Schwerpunkt in die Mitte zwischen die zwei produc-
tiven Kräfte, zwischen Urheberschaft und Errungen-
schaft verlegt; der Vertrag hatte seine gleichmässige
Organisation gefunden. Daher herrscht in dem modernen
gemeinbürgerlichen Privatrecht, das auf dem späteren
römischen Rechte ruht, das Princip paritätischer Actua-
lität oder Cooperation, wobei der Rechtswille des Disponenten und der des Acquirenten so nahe aneinander
treten, dass sie ineinander verschränkt und verwebt,
fast identisch erscheinen, vor, während in dem mehr
auf germanischer Grundlage fussenden Handelsrecht
der Stellung des Disponenten ein so entschiedenes
Uebergewicht zu Theil geworden ist, dass damit das
Gebiet des Vertrages, d. h. des zweiseitigen Rechtsgeschäftes geradezu verlassen und der Begriff des einseitigen Rechtsgeschäftes an die Stelle gesetzt erscheint.

Vertrag und Rechtsact, führt Kuntze weiter aus,
kommen darin überein, dass sie entsprechend ihrer
Aufgabe, den Verkehr zu vermitteln, das Dasein und
Nebeneinanderbestehen zweier Willen, die beide auch

erklärt sein müssen, und die Uebereinstimmung eben
dieser Willen voraussetzen. Allein, während der Vertrag
nicht besteht, bevor nicht wechselseitige Willenserklärung erfolgt ist oder positiv ausgedrückt: während
zum Vertrag die reelle und lebendige Cooperation der
Parteien gehört, existirt der Rechtsact schon in der
einseitigen Willensäusserung des Disponenten, und
diese ist bei Inhaber- und Ordrepapieren die Ausfertigung oder Concipirung der Scriptur. Der Willensäusserung des Andern, der Einwilligung des Acquirenten (346), der Annahme (356), oder, wie auch gesagt
wird, der Nehmung des Papiers (352), bedarf der Rechtsact nur zu seiner Wirksamkeit oder Perfection. Zuvor
kann allerdings noch nicht von einem Rechtsverhältniss,
einer Obligation, die Rede sein, weil das eine Subject
fehlt; creirt ist zwar das Papier, aber die Wirksamkeit
noch suspendirt.

Zwei Willen werden also vorausgesetzt, aber der
zweite ist nicht dem ersten paritätisch gestellt, während
dieser allein activ ist, verhält sich der andere nur
passiv. Die Disposition des Schuldners ist allein massgebend, die dazu erforderliche Erwerbshandlung des
anderen Interessenten hat nur accessorische, secundäre, etwa dem Acte eines Erbschaftsantrittes analoge,
somit nicht productive, sondern blos receptive Bedeutung.

In diesen Sätzen, welche meist die eigenen
Worte Kuntze's wiedergeben, ist die Theorie be-

schlossen, die ihr Urheber selbst Creationstheorie genannt hat. [37]

Unwillkürlich wird man bei dem Ausdrucke Creationsact an einen zweiseitigen Act denken, als welcher die Zeugung, abgesehen von der Urzeugung, im animalischen Leben erscheint. Auch werden die beiden Willensäusserungen in einer Weise beschrieben, dass

---

[37] Mit einer allerdings tief eingreifenden Modification ist dieser Theorie *Jolly*, Münchener krit. Vierteljahrsschr. II (1860), S. 552 ff., beigetreten, indem er den Willen des Ausstellers dahin bestimmt: er wolle haften, wenn er das Papier einem Andern werde gegeben haben, und in seiner klaren Weise hinzufügt: „dabei könnte man sich als den einseitigen (Formal-) Act, durch welchen die Inhaber- oder Ordreobligation begründet wird, entweder die Ausfertigung der Schrift, vorausgesetzt, dass sie durch den Aussteller gegeben wird, oder auch das (formlose) Geben selbst der in bestimmten Formen verfassten Schrift vorstellen". — Derselben Ansicht scheint auch *Bluntschli*, deutsch. Privatrecht 2. Aufl. 1860, S. 320, zu sein, wenn er sagt: die Begründung der Obligation setzt zwei Dinge voraus: erstens die Ausstellung des Papiers, welche ein schöpferischer Act des Schuldners ist und mit Recht „Creation" genannt wird (Kuntze); zweitens das Nehmen des Papiers von Seite des Gläubigers. Das ist freilich im engeren und eigentlichen Sinne kein Vertrag zwischen Schuldner und Gläubiger, indem jener diesen in vielen Fällen gar nicht kennt, und keine Erklärung des Gläubigers vernimmt. Im weiteren Sinne aber darf man das (?) Vertrag insoferne nennen, als der fortwirkende, gleichsam dem Papier anvertraute Wille des Schuldners mit dem Willen des nehmenden Gläubigers zusammentrifft. Das Geben und Nehmen des Papiers vermittelt der Formalvertrag. — Dass diese Modification der Creationstheorie gleich der Theorie von dem Begebungsvertrag die Anerkennung der Traditionspräsumtion, worüber S. 119 zu vergleichen ist, fordert, hat *Jolly* S. 557 selbst bemerkt.

sie sich den beiderseitigen Functionen beim Acte der
Zeugung vergleichen liessen. Kuntze aber will darunter
nur eine der beiden Willensäusserungen, die Erklärung
des activen Willens verstanden wissen, während ihm
die Aeusserung des receptiven Willens als ein späterer
Act — in Fortsetzung des gewählten Bildes — als der
Geburtsact erscheint. [38]

Wie der Name der Theorie auf einen zweiseitigen
Act hinweist, so passt ferner entschieden auch Manches
in der Charakteristik zu einem zweiseitigen Geschäfte,
nämlich zu dem Vertrag, wie er nach deutscher Auffassung beschaffen ist und von Kuntze richtig gekennzeichnet wird. [39]

Vergisst man indess nicht über einzelnen Ausdrücken, die theilweise obendrein mit wechselnder Bedeutung gebraucht werden, [40] den Sinn der Ausführungen,
so kann unmöglich der Unterschied verborgen bleiben,

---

[38] „Zwischen Ausstellung und Nehmung ist der Wechsel —
einem partus conceptus sed nondum editus vergleichbar.“ Wechselrecht S. 51. — „Mit der beginnenden Circulation, d. i. mit dem
Auftreten eines fremden Besitzers ist die beabsichtigte Obligation
geboren ... mit der Concipirung der Schrift ist das Inhaberpapier
concipirt, creirt.“ Lehre von den Inhaberpapieren S. 358. 339 vgl.
S. 285.

[39] S. oben S. 4.

[40] Dies ist z. B. der Fall mit dem Ausdrucke „paritätische
Cooperation“. Darunter wird gewöhnlich das contrahere der Sache
nach verstanden, vgl. z. B. Archiv VIII, S. 348. 405, während eben-
das. XIV, S. 8 der Ausdruck in dem Sinne der Anwendung einer
gleichmässigen Form für die Willenserklärungen gebraucht wird.

welchen Kuntze zwischen einem Vertrag und dem einseitigen Rechtsact anerkannt wissen will. Allerdings tritt letzterer ersterem ganz nahe, und vielleicht dürfte darin die Erklärung zu finden sein, dass Kuntze selbst wiederholt den Creationsact nur dem „eigentlichen" Vertrage, [41] die Creationstheorie bloss der „römischen" Vertragstheorie [42] gegenüberstellt. Die nahe Berührung der beiden Rechtsgeschäfte aber wird dadurch herbeigeführt, dass auch der einseitige Rechtsact Kuntze's die Aeusserung eines zweiten Willens heischt, und der Inhalt dieses die Annahme des Versprechens ist. Während jedoch diese zweite Willensäusserung zum Bestande eines Vertrages nothwendig ist, bedarf ihrer der Rechtsact nur zu seiner Wirksamkeit. Es erscheint jene in diesem Falle als ein zweites Rechtsgeschäft. [43]

In dem Erfordernisse der zweiten Willensäusserung, der Erwerbshandlung oder Einwilligung des Acquirenten, welche zu dem Schuldversprechen in gleicher Weise wie die hereditatis aditio zu einem Testamente sich verhalten soll, liegt aber meines Erachtens das Irrthümliche der sogenannten Creationstheorie. Zugleich bildet dieses Erforderniss den Punkt, wo die Creationstheorie

---

[41] Archiv VIII, S. 406; Wechselrecht S. 47, III. 57, III.

[42] Archiv VIII, S. 346.

[43] Die Cardinalconsequenzen, in welchen demzufolge die Creationsidee dogmatisch und praktisch sich darstellt, hat mit Rücksicht auf das Ordrepapier des Wechsels *Kuntze* zuletzt in *Schletter's* Jahrbüchern XIII, S. 182. 191 übersichtlich zusammengestellt.

sich unterscheidet von der an dieser Stelle entwickelten Lehre, nach welcher mit dem Eintritt eines blossen Thatbestandes ohne Wissen und Willen des Berechtigten das Schuldverhältniss aus dem Versprechen entsteht.

§. 13.

Das Wechselaccept.

Der vierte Absatz des Artikels 21 der allgemeinen deutschen Wechselordnung, welcher lautet:

Die einmal erfolgte Annahme kann nicht wieder zurückgenommen werden, *

nöthigt, von einer Art der Wechselversprechen, von dem Accepte, besonders zu handeln.

---

* Vgl. über diesen Satz: *Lutteroth*, Bemerkungen zu Urtheilen hamburgischer Gerichte, Archiv f. Wechselrecht II (1852), S. 41—55. — *L. Wächter*, über den Einfluss und die Bedeutung von auf Wechseln befindlichen Durchstreichungen, ebenda VI (1858), S. 41 ff., bes. S. 43—45, und VIII (1859), S. 128. — *Brauer*, die Wirkung des durchstrichenen Acceptes in *Goldschmidt's* Zeitschrift f. Handelsrecht I (1858), S. 25—33. — *L. Wächter*, zur Widerlegung der Brauer'schen Interpretation des Art. 21, ebenda S. 456—460. — Verhandlungen der Handelsgesetz-Conferenz, betr. die a. d. Wechselordnung p. XLV. XLVI. LVI, LXXX, Z. 28—38. — *e*—, Beitrag zu der Lehre von Durchstreichungen auf Wechseln, insbesondere vom durchstrichenen Accepte, Neues Archiv f. Handelsrecht III (1860), S. 91—121. — *L. Jacobi*, die Perfection des Wechselacceptes, Archiv f. Wechselrecht X (1861), S. 337—367. — *Thöl*, Handelsrecht II (1865), S. 249—251.

Zur Begründung des vorstehenden Satzes, welcher
verschieden ist von der alten Regel: chi accetta, paghi
oder qui acceptat, solvat, begnügen sich die Motive zu
dem preussischen Entwurfe mit dem Hinweis, dass eine
Zurücknahme der einmal geschehenen Acceptation bereits
in dem allgemeinen preussischen Landrechte und dem
französischen code de commerce für unzulässig erklärt
sei.[1] Bei den Berathungen auf der Leipziger Conferenz
gab der Satz keinen Anstoss zu einer Besprechung.
Nach der Publication des Gesetzes aber fand seine Bedeutung und Tragweite alsbald eine zwiespältige Auffassung bei den Rechtsgelehrten und eine verschieden-
artige Beurtheilung in den Gerichten. Die Nürnberger
Handelsgesetz-Conferenz, welcher von der Bundesver-
sammlung durch Beschluss vom 19. Februar 1857 der
Auftrag zu Theil wurde, die entstandenen wechsel-
rechtlichen Controversen zu lösen, sah sich veranlasst,
auch unsere Streitfrage in den Bereich ihrer Erörterungen zu ziehen. Zu einer legislativen Entscheidung

---

[1] S. Leipziger Protocolle p. XLVIII. — Das preussische Landrecht II, 8 sagt §. 997: Die einmal erfolgte Acceptation kann der
Bezogene nicht wieder zurücknehmen, noch auf dem Wechsel durchstreichen. §. 998: Auch wenn er das Letztere gethan hat, bleibt
er dennoch aus der Acceptation verhaftet. Der code de comm.
Art. 121 verfügt: L'accepteur n'est pas restituable contre son acceptation, quand même le tireur aurait failli à son insu avant qu'il eut
accepté. Dass die Berufung auf diesen Satz des französischen
Rechtes, wo es sich um etwas ganz Anderes handelt, keine glück-
liche ist, s. Neues Archiv III, S. 94.

wurde sie indess gleich mancher anderen nicht gefördert. Die Commission erachtete, indem sie ihre Ansicht und Stellung zu dem Streite formulirte, dass letzterer binnen kurzer Zeit durch Wissenschaft und Praxis seine Erledigung finden werde. Die Ansicht der Nürnberger Conferenz hat daher nur die Bedeutung, welche jeder wissenschaftlichen Meinung zukömmt: sie steht und fällt mit ihren Gründen.

Aus dem Wortlaute des fraglichen Absatzes, welcher die Zurücknahme einer einmal erfolgten Annahme ausschliesst, ergibt sich, dass darin für unstatthaft erklärt wird eine Handlung seitens des Acceptanten, mag dieser nun als Bezogener oder Nothadressat genannt sein oder freiwillig interveniren; denn nur von Seite desjenigen, welcher etwas gegeben, ist eine Zurücknahme denkbar. Da aber der Acceptant nicht blos dem Remittenten, sondern auch dem Aussteller wechselmässig haftet,[2] so fällt unter die Satzung auch die Zurücknahme, welche im Einverständnisse mit dem Remittenten seitens des Acceptanten erfolgen würde.[3]

Unter einer Zurücknahme wird man sodann nicht nur die vollständige, sondern auch eine theilweise, das heisst die spätere Beschränkung eines unbeschränkt ge-

---

[2] Vgl. a. d. Wechselordnung 23 und darüber *(Liebe)* die a. d Wechselordnung S. 100--109, bes. S. 104.

[3] *Kalessa*, Wechselrecht S. 36.

gebenen Acceptes verstehen müssen.[4] Was aber die
vollständige Zurücknahme betrifft, so kann es an sich
keinen Unterschied machen, wie sie erfolgt, ob durch
einen gleichfalls schriftlich erklärten Widerruf oder
durch das gewöhnliche Mittel der Durchstreichung,
durch Radirung, Löschung auf chemischem Wege,
Uebertünchung, so dass die frühere Erklärung unlesbar
wird, oder selbst durch Vernichtung des Wechselbriefes.
Das holländische Handelsgesetzbuch vom Jahre 1838
§. 119 gedenkt aller dieser verschiedenen Arten der
Zurücknahme, indem es von dem Bezogenen sagt: hij
mag de eens op den wisselbrief gestelde acceptatie ook
vóór deszelfs teruggave niet herroepen, vernietigen, door-
halen of onlesbar maken, he en blijft des nittegen
staande tot de voldoening verpligt.

Unzweifelhaft erstreckt sich endlich die Unstatt-
haftigkeit einer Zurücknahme auch auf die Zeit, nachdem das Accept dem Remittenten bereits ausgehändigt
worden;[5] unrichtig ist es aber, wenn dieselbe von
zwei obersten Gerichtshöfen, übrigens aus verschiedenen

---

[4] So auch *Lutteroth*, Archiv II, S. 244. — —e—, Neues
Archiv III, S. 93. — Eine entgegengesetzte Bemerkung des Referenten auf der Leipziger Conferenz (s. Protocolle S. 49) kann schon
desshalb nicht in's Gewicht fallen, weil dabei von der in der
Wechselordnung nicht adoptirten Ansicht ausgegangen wurde, dass
die Zeit bis zur Aushändigung des Acceptes als Deliberationsfrist
für den Acceptanten laufe.

[5] So sagt auch —e -, Neues Archiv III, S. 98.

Gründen, auf diese Zeit beschränkt wurde.⁶ Sie besteht nicht minder für die Zeit vor der Zurückgabe des Wechselbriefes, und gerade darin liegt die Besonderheit, deren Erklärung und Würdigung mit Rücksicht auf die juristische Qualification des Acceptes und der zunächst daraus hervorgehenden Verpflichtung den eigentlichen Gegenstand unserer Erörterung bildet.

Die Möglichkeit, den Acceptanten bei seinem Worte, sobald es nur geschrieben wurde, zu nehmen und festzuhalten, bot sich dem Gesetzgeber durch den Umstand, dass das Accept nicht in einer eigenen Urkunde, sondern auf einem fremden Werthpapier ertheilt wird, auf dem präsentirten Wechsel, den der Acceptant wieder aushändigen muss. Dasselbe ist freilich auch der Fall bei der Mitunterzeichnung eines Wechsels oder eines Indossamentes, ohne dass bei diesen, allerdings nur gelegentlich ⁷ erwähnten Wechselversprechen das Gleiche in der Wechselordnung festgesetzt wäre.

---

⁶ Von dem österreichischen obersten Gerichtshofe mit Urtheil v. 13. Januar 1857 (Gerichtszeitung 1857, S. 93), „da diese Handlung (die Annullirung des Acceptes mittelst Durchstreichung) nur der (im Art. 22 gestatteten) Beisetzung einer den Willen zu acceptiren enthaltenden Einschränkung gleichkommt"; von dem Berliner Obertribunal mit Erkenntniss v. 15. September 1859 (*Borchardt*, die a. d. Wechselordnung 2. Aufl., S. 78), weil „die Annahme des Wechsels nicht mit dem Augenblicke des hingeschriebenen Acceptes, sondern erst mit dem Augenblicke der Uebergabe desselben an den Dritten als erfolgt anzusehen ist".

⁷ Art. 81 Abs. 1.

Es bleibt daher immer noch die Frage zu beant-
worten, warum der Gesetzgeber den Acceptanten und
gerade ihn schon im Momente der Verschreibung, ohne
erst die Aushändigung des acceptirten Wechsels abzuwarten, gebunden hat an sein Wort.

Der Grund, wesshalb das Recht mit so rascher
Hand zugreift und den Acceptanten bei seinem Worte
nimmt, jede folgende Ueberlegung und Sinnesänderung
abschneidend, liegt, wie mich dünkt, in der Wichtigkeit
und Bedeutung, welche dem Accept für den Wechsel-
verkehr zukömmt. Die Tratte, sagt *Kuntze*,[5] welche
von voneherein auf Realisirung der Wechselsumme
durch einen Dritten berechnet ist, erscheint natürlicher
Weise erst dann als ganz fertiges Werthpapier, wenn
eben dieser Dritte, der Bezogene, durch eigene Erklärung, das Accept, in den Wechselverband eingetreten ist. Diese Complettirung der Tratte durch den
Bezogenen, welcher hernach Acceptant heisst, ist also
als der Normalfall im Lebenslauf der Tratte anzusehen,
so sehr, dass ein acceptirter Wechsel auch schlechthin
als Accept bezeichnet wird; die Weigerung der Annahme
aber seitens des Bezogenen erscheint als anomaler Zu-
stand oder Störung der Tratteentwickelung. Diese
Störung nun soll möglichst verhütet werden. Eine un-
verhüllte Gunst, der favor cambii mercatorii, also ist
der wahre Grund, wesshalb der Gesetzgeber den Acceptanten mit so hastiger Hand aus seinem noch nicht

---

[5] Wechselrecht S. 55.

einmal ausgehändigten Versprechen verpflichtet,[9] dass
es darin dem jetzt geltenden Rechte nur die Cöthener
Wechselordnung vom Jahre 1802 zuvorgethan hat,
indem diese in Artikel 45 bestimmt: Eine Acceptation
wird vor giltig und vollständig gehalten, wenn der
Acceptant nur die Feder desswegen ansetzet und einen
Buchstaben auf den Wechselbrief geschrieben hat.
Fragen wir aber weiter, was daraus für die
juristische Construction sich ergebe, so muss daran erinnert werden, dass bei Schuldverschreibungen zu Gunsten
eines genannten Inhabers, worunter die Wechseler-
klärungen fallen, ein blosses Versprechen den Grund
zur Verpflichtung, das Verschriebene zu leisten, bilde,
dass jedoch ein solches Versprechen, um als Verpflichtungsgrund zu wirken, voraussetze, dass die genannte
Person in den Besitz der Verschreibung gekommen sei.
Für das Accept nun gilt in Folge des vierten Absatzes
des Artikels 21 der a. d. Wechselordnung gegenüber
allen anderen Schuldverschreibungen der gleichen Art
das Besondere,[10] dass es schon vor seiner Behändigung

---

[9] Nach den Motiven zu Art. 604 des Entwurfes eines württem-
bergischen Handelsgesetzbuches handelt der Gesetzgeber, indem er
die sofortige Gebundenheit festsetzt, aus einem ethischen Gesichtspunkte. Er ordnet eine gerechte Strafe an für den Vertrauensmiss-
brauch, dessen sich der Bezogene dadurch schuldig machen soll,
dass er hinter dem Rücken des Wechselinhabers das Accept wieder
durchstreicht.

[10] Gegen *Kuntze*, welcher — Inhaberpapiere S. 351 und
Archiv f. Wechselrecht VIII, S. 349 — die Bestimmung des Abs. 4

den Schreiber verpflichtet, zunächst allerdings auch gegenüber dem Remittenten [11] nur in dem Sinne verpflichtet, dass er bei seinem geschriebenen Worte bleiben muss.

Von dieser Darstellung wesentlich verschieden ist der Gedankengang und die Auffassung der heutigen Rechtsgelehrten. Nach ihrer Ansicht bedarf die Verpflichtung des Acceptanten aus seinem nur niedergeschriebenen Versprechen durchaus keiner besonderen Erklärung. Sie folgt von selbst aus dem Schuldverhältniss, in das der Acceptant zu dem Remittenten, und zwar kraft eines Vertrages tritt, den die Unterschrift des ersteren zur Vollendung bringt. Dabei waltet nur über die Natur dieses Vertrages eine Verschiedenheit der Auffassung. Nach der einen kommt mit der Eintragung des Acceptes in die Wechselurkunde der Acceptationsvertrag, [12] nach der andern ein blosser Wechselvorvertrag [13] zu Stande. Die Präsentation des

Art. 21 der a. d. Wechselordnung so behandelt, als ob sie für alle solche Schuldverschreibungen die eigentlich entsprechende sei, hat sich bereits *Jolly*, Münchener Vierteljahrsschr. II, S. 555, erklärt

[11] Nach der Aushändigung ist er diesem verpflichtet, das Versprochene zu zahlen; im Verhältniss zu dem Trassanten kann man auch fernerhin nur von einer Verpflichtung, das Accept aufrecht zu erhalten, reden.

[12] Dieser Ansicht ist z. B. *Mittermaier*, deutsch. Privatrecht II, §. 340, VI. *Renaud*, Wechselrecht §. 36. Dagegen vgl. *Thöl*, Handelsrecht II, §. 216 Note 2.

[13] Diese Meinung vertritt mit Rücksicht auf die a. d. Wechselordnung *Thöl* a. a. O. §. 216 Note 2 und 5.

Wechsels zur Annahme ist die Willenserklärung eines Paciscenten, die Aufschreibung des Acceptes die Willenserklärung des anderen, mag nun letztere als das Versprechen, zahlen zu wollen, oder als die Erklärung, ein Zahlungsversprechen mit der Zurückstellung des Wechsels geben zu wollen, betrachtet werden. In beiden Fällen kann das einmal erfolgte Accept selbstverständlich nicht wieder zurückgenommen werden; seine Zurücknahme würde ersteren Falles als einseitiger Rücktritt von dem Acceptationsvertrage, andern Falles als Verletzung eines Wechselvorvertrages sich darstellen.

Der Missbrauch, welcher mit der Unterstellung eines Vertrages getrieben wird, setzt billig immer von Neuem in Erstaunen. Wäre das Vorurtheil von seinem unentbehrlichen Bedürfnisse im Rechtsverkehre nicht so festgewurzelt, es müsste geradezu unbegreiflich erscheinen, dass Männer von sonst so klarem Blick und sicherem Urtheil in dem Niederschreiben des Acceptes den Abschluss eines Vertrages, sei es nun des Acceptationsvertrages selbst oder eines Vorvertrages, finden konnten.

Wer einen Wechsel zur Annahme präsentirt, erklärt damit unbestreitbar den Willen, ein dem Zahlungsauftrage entsprechendes Accept zu erlangen. Wenn nun der Bezogene nicht dem Zahlungsauftrag gemäss, sondern unter Einschränkungen acceptirt, so fehlt es doch sicherlich an der für einen Vertrag nothwendigen Willensübereinstimmung. Nichtsdestoweniger aber haftet der

Acceptant aus dem Accepte nach Massgabe seines Inhaltes wechselmässig, [14] und es gilt auch für dieses dem
Willen des Präsentanten widersprechende Accept der
Satz, dass es, einmal ertheilt, nicht wieder zurückgenommen werden kann. Schlagender kann wohl das
Unhaltbare der Einmischung eines Vertrages und der
daraus gezogenen Consequenzen nicht dargethan
werden. [15] Erwähnung mag übrigens noch eine andere Erklärung der sofortigen Gebundenheit des Acceptanten,
die gleichfalls, was sie freilich nicht ist, eine juristische
sein soll, finden. Nach der Ansicht von *Volkmar* und
Löwy [16] wird „das Phänomen, dass der Acceptant schon
durch das Niederschreiben seines Acceptes ohne Behändigung verpflichtet wird, und dass das Durchstreichen
des Acceptes ohne Erfolg ist, dadurch begriffen, dass
der Wechsel (das Papier) der Gläubiger ist. Der Acceptant hat dem Wechsel das Accept einmal, und dadurch
unwiderruflich gegeben". Wer an diese persönliche
Natur des Wechsels glaubt, hat dann weiter die Wahl
zwischen der Vorstellung, dass der Wechsel das Accept
annehme, indem er es sich auf den Vordertheil schreiben
lässt, und der, dass die Obligation zwischen dem
Acceptanten und dem Wechsel ohne eine Willens-

---

[14] A. d. Wechselordnung 22.
[15] S. auch *Jolly*, Münchener krit. Vierteljahrsschr. II, S. 551.
[16] Begriff und Charakter des Wechsels in *Goldschmidt's*
Zeitschrift f. Handelsrecht II (1859), S. 566.

äusserung des letzteren durch das blosse Versprechen des ersteren entstehe. Welche Vorstellung dabei als die richtigere sich empfehlen würde, kann nach dem Gesagten nicht zweifelhaft sein.

Die nächste Verpflichtung des Acceptanten wurde als eine Gebundenheit an sein Wort bezeichnet. Wo bisher eine Verpflichtung im Worte zu bleiben uns entgegengetreten ist, da besteht sie mit der Bedeutung, dass ein Zuwiderhandeln rechtlich der Wirkung entbehrt, dass insbesondere trotz Widerrufes bei Eintritt der zur Entstehung des Schuldverhältnisses erforderlichen Umstände die Verpflichtung, das Versprechen zu erfüllen, begründet wird.

Darf nun die gleiche Bedeutung auch der Verpflichtung des Acceptanten vindicirt werden? Besteht mit andern Worten das Accept trotz der widerrechtlichen Zurücknahme fort? Die Frage ist bestritten mit Rücksicht auf den Fall, dass der Acceptant, um das gegebene Accept zurückzunehmen, des Mittels der Ausstreichung, ohne übrigens seine Erklärung unlesbar zu machen, sich bedient hat.[17] Während die Durchstreichung nach der einen Meinung gleich einem Widerruf in Worten wirkungslos ist, und das durchstrichene Accept wechselrechtlich vollgiltig fort-

---

[17] Der Widerstreit erstreckt sich nicht auf den Fall des Widerrufs in Worten und der etwaigen Vernichtung des Wechselbriefes, worüber Neues Archiv III, S. 99—101 zu vergleichen ist.

besteht,[18] hebt nach der andern die Durchstreichung das Accept rechtlich auf, und es kömmt denjenigen, welche hierdurch benachtheiligt wurden, nur eine übrigens verschieden aufgefasste Klage auf Ausstellung eines neuen Acceptes zu.[19] Bereitwillig mag eingeräumt werden, dass im Allgemeinen die Ueberzeugung von der rechtsaufhebenden Kraft einer Durchstreichung besteht, und dass im Einklang mit derselben auch in der allgemeinen deutschen Wechselordnung[20] die Ausstreichung bei Indossamenten behandelt ist. Andererseits darf jedoch darauf hingewiesen werden, wie eben diese Ueberzeugung nicht verhindert hat, dass in verschiedenen Wechselrechtsgesetzen[21] und so auch in dem preussischen Landrecht, worauf Artikel 21 Absatz 4 der a. d.

[18] Vgl. ausser den von *Jacobi* a. a. O. S. 35o. 351 angeführten Schriftstellern Liebe, Bluntschli, Blaschke, Brauer, Walter, Kheil, Hoffmann und Renaud *Beseler*, deutsches Privatrecht §. 241 Note 11, *O. Wächter*, Wechsellehre S. 374.

[19] Dieser Ansicht sind namentlich *L. Wächter*, *Thöl*, die Nürnberger Handelsconferenz a. Note * a. O., *Kuntze*, Wechselrecht S. 9o, *Goldschmidt* in seiner Zeitschrift I, S. 35o Note *; auch wurde in diesem Sinne mehrmals von den Hamburger Gerichten erkannt. S. die Entscheidungen, Neues Archiv III, S. 11o ff. — Ein Bedenken gegen die Klage äussert *Biener*, wechselrechtliche Abhandlungen S. 401.

[20] Art. 36. 55.

[21] Vgl. namentlich die Bremische Wechselordnung vom Jahre 1843, Art. 43: Die einmal geschehene Acceptation bindet den Acceptanten selbst dann, wenn sie durchstrichen wäre; ferner das früher angeführte holländische Handelsgesetzbuch.

Wechselordnung beruht, ein ihr direct entgegengesetzter Rechtssatz ausgesprochen wurde. Wenn ich unter diesen Verhältnissen nun die Meinung als die richtige erkenne, welche den Satz, dass ein Accept ungeachtet seiner Durchstreichung giltig sei, als einen latenten in dem betreffenden Absatze enthalten findet, so will ich zur Begründung dieser Ansicht kein allzugrosses Gewicht auf das Wörtchen „kann" legen, wiewohl es immerhin mehr ausdrückt, als das verwandte „darf". Bestimmend für mich ist vielmehr ein in der Literatur bisher unbeachtet gebliebener Umstand, dass nämlich eine Consequenz, zu welcher die andere Meinung nothwendig führt, mit dem Willen des Gesetzgebers in entschiedenem Widerspruche steht. Das Gesetz gibt dem Wechselinhaber das Recht, im Falle der Wechsel nicht angenommen wird, Sicherstellung von dem Aussteller zu verlangen. Wäre nun der mit einem durchstrichenen Accepte zurückgegebene Wechsel nicht angenommen, weil, wie behauptet wird, ein durchstrichenes Accept kein Accept ist, so würde der Remittent — da die Klage auf Wiederherstellung des Acceptes zu erheben, doch wohl nur ein Recht und keine Pflicht für ihn sein könnte — befugt sein, Protest leviren zu lassen und Sicherstellung Mangels Annahme von dem Trassanten zu fordern. Einer der Zwecke, den der Gesetzgeber durch Absatz 4 des Artikels 21 erreichen wollte, wäre vereitelt, indem er das, was er verhindern wollte, mittelbar für nothwendig erklärt haben würde.

Die blosse Durchstreichung hat gegenüber einem
Widerruf in Worten allerdings das Eigenthümliche,
dass sie unmöglich erkennen lässt, von welcher Hand
sie herrührt; indess liegt darin kein Grund wider unsere
Meinung. Wenn *Thöl*[22] mit Rücksicht auf diesen Umstand sagt: „der Satz, ein durchstrichenes Accept steht
einem nicht durchstrichenen gleich, würde legislativ nur
dann gerechtfertigt sein, wenn anzunehmen wäre, dass
das Durchstreichen eines Acceptes immer oder doch
regelmässig nur einseitig vom Acceptanten geschehe",
so ist darauf zu erwiedern, dass, insoweit es sich bei
der Durchstreichung um eine beabsichtigte Zurücknahme
handelt, also im Verhältniss zum Trassanten der einseitig vom Acceptanten vorgenommenen Streichung
völlig gleichsteht die im Einverständnisse mit dem
Wechselinhaber erfolgte.[23] Gegenüber dem Wechselinhaber aber läge letzteren Falles gar keine Zurücknahme vor; die Durchstreichung würde eine Zurückgabe
des Acceptes von seiner Seite bedeuten oder der Ausdruck eines Erlassvertrages sein, welcher mittelst Einrede von dem aus dem durchstrichenen Accepte Beklagten geltend zu machen und zu beweisen wäre.[24]
Ebensowenig würde ferner von einer, wenn auch nur
beabsichtigten, Zurücknahme gesprochen werden können,
falls der Wechselinhaber allein oder ein Dritter das

22 Handelsrecht II, S. 25o.
23 So schon *Kalessa* a. a. O.
24 *Wächter*, Wechsellehre S. 374.

Accept durchstrichen hätte. Dass trotz der Durchstreichung der Regress auf Sicherstellung gegen den
Trassanten unstatthaft und die Klage wider den Acceptanten auf Zahlung nach Verfall zulässig wäre, darin
bewährt sich gerade mit Rücksicht auf die zuletzt angeführten Fälle von Neuem die praktische Brauchbar-
keit des Satzes, welcher unserer Ansicht nach in dem
Artikel 21 der Wechselordnung enthalten ist.

§. 14.

*Das Schuldversprechen zu fremden Handen.**

Ein privates Versprechen muss, abgesehen von
einer Schuldverschreibung in begebbarer Urkunde, welche
dem jeweiligen Inhaber ausgestellt werden kann, zu
Handen einer bestimmten Person gegeben werden. In
die Luft, wie ein altüblicher Ausdruck sagt, zu Gunsten
Jemandes etwas zu versprechen, ist unstatthaft.

---

* Die neuere monographische Literatur, welche von den sogenannten Verträgen zu Gunsten Dritter handelt, ist: *Heyer*, Ist
ein Vertrag zum Vortheile eines Dritten ungiltig? in seinen Abhandlungen aus verschiedenen Theilen der Rechtswissenschaft 1841,
S. 1—32; derselbe, unter der gleichen Fragestellung, Zeitschrift für
Civilrecht und Process N. F. III (1847), S. 1—47; *Busch*, Doctrin
und Praxis über die Giltigkeit von Verträgen zu Gunsten Dritter
1860 (Beilageheft zum civilist. Archiv XLIII); *Bähr*, über die s. g.
Verträge zu Gunsten Dritter, dogmat. Jahrb. VI (1863), S. 131—186,
vgl. XI (1871), S. 394—397; *Zaun*, zur Lehre von der s. g. fingirten Cession, der Stellvertretung, der s. g. Verträge zu Gunsten

Gewöhnlich wird die Person, zu deren Handen ein Versprechen gegeben wird, zugleich diejenige sein, zu deren Gunsten es abgelegt wird. Doch begegnet im geschäftlichen Leben auch der Vorgang, dass Jemand, ohne Stellvertreter zu sein, sich eine einem Dritten zum Vortheil gereichende und an diesen zu machende Leistung versprechen lässt.

Wo unter so bewandten Umständen der Empfänger des Versprechens und der darin Bedachte verschiedene Personen sind, [1] pflegt man herkömmlicher Weise von Verträgen zu Gunsten Dritter zu sprechen, und Verträge dieser Art würden den von uns behandelten Geschäften beizuzählen sein, [2] falls aus dem zu Handen

---

Dritter und der Schuldübernahme, Archiv f. prakt. Rechtswissensch. N. F. I (1864), S. 11—69, 113—152; *Unger*, die Verträge zu Gunsten Dritter, dogmat. Jahrb. X (1869), S. 1—109. — Von hervorragender Bedeutung sind die Protocolle der Dresdener Commission zur Ausarbeitung eines allgemeinen deutschen Obligationenrechtes I (1863), S. 649—679, welche hier zum ersten Male wissenschaftlich verwerthet werden.

[1] In anderer Anwendung findet sich dieser Zwiespalt bereits im Sachsenspiegel III, 85 §. 2: Geloven ok vele lüde, enem manne ene scult to geldene, unde entvan dat gelovede mer lüde . . .

[2] Wie auch schon von einem Abgeordneten auf der Dresdener Conferenz mit einer freilich unrichtigen Schlussfolgerung richtig hervorgehoben wurde. Wollte man, sagt er Protocolle S. 666, den Satz aufstellen, dass schon durch die zu Gunsten eines Dritten erfolgte Willenserklärung der Contrahenten dem Dritten ein Forderungsrecht erworben werde, so müsste man consequent dieselbe Wirkung auch der zu Gunsten eines Dritten erfolgten Willenserklärung eines Einzelnen zuschreiben, da nicht abzusehen wäre,

eines Anderen gemachten Versprechen für den Dritten
unmittelbar und ohne dass er dasselbe zuvor annehmen
müsste, ein Forderungsrecht entstehen würde.

Dem codificirten Rechte ist nun zwar der Gedanke
fremd, dass das Recht des Dritten ein von dem Empfänger des Versprechens abgeleitetes Recht sei, entschieden aber fordern die neueren Gesetzbücher zur
Entstehung derselben die Annahme des Versprechens
durch den Dritten.[3] Particularrechtlich ist daher das
Schuldversprechen zu fremden Handen kein Verpflichtungsgrund; um als solcher dem Dritten gegenüber zu
wirken, muss dasselbe von letzterem vorher zu seinen
Handen genommen oder acceptirt sein.

---

welchen Unterschied es hinsichtlich des Rechtsverhältnisses des
Dritten begründen sollte, ob eine ihm gemachte Zuwendung auf der
Willenserklärung eines Einzelnen, oder auf der übereinstimmenden
Willenserklärung zweier Contrahenten beruhe; denn dem Dritten
gegenüber erschiene Beides nur als eine einseitige
Willenserklärung.

[3] Vgl. bayer. Landrecht IV. c. 1 §. 13: Für andere Dritte
hingegen gehet solches (das Stipuliren) 20 nur soweit an, als ihnen
dies nützlich sein mag und nach der Hand ratificirt oder angenommen wird. — Preuss. Landrecht I, 5. §. 75 s. S. 150. — Code civil
1121: Celui, qui a fait cette stipulation (au profit d'un tiers), ne
peut plus la révoquer si le tiers a déclaré vouloir en profiter. —
Sächs. Gesetzbuch 854: Der Dritte und, soweit es sich nicht um
eine rein persönliche Leistung handelt, dessen Rechtsnachfolger
erwerben ein von dem Willen desjenigen, welcher sich die Leistung
hat versprechen lassen, unabhängiges selbstständiges Recht aus dem
Vertrage von der Zeit an, wo sie dem Vertrage beitreten oder die
zu Gunsten des Dritten gereichende Leistung annehmen. Vgl. auch

Dagegen ist die Frage nach der Begründung der beiden genannten Voraussetzungen vom Standpunkte des gemeinen Rechtes als eine offene zu betrachten, und es wird sich daher die folgende Erörterung ausschliesslich mit diesem beschäftigen. Wenn etwas auf diesem viel bestrittenen Gebiete feststehen sollte, sagt der neueste Schriftsteller über die Verträge zu Gunsten Dritter,[4] so müsste es, meine ich, der auch quellenmässig[5] belegte Satz sein, dass bei solchen Verträgen derjenige, der die Leistung an den Dritten ausbedingt, gar nicht die Absicht hat, für sich selbst ein Forderungsrecht zu gewinnen, und, wie wir beifügen müssen, desshalb ein solches auch nicht gewinnt. Wird nun dem Dritten aus dem zu Handen eines Andern gegebenen Versprechen ein Recht, das Versprochene zu fordern, zuerkannt — und in seiner principiellen Gewährung besteht ja die Verschiedenheit des deutschen und römischen Rechtes —, so kann dasselbe nimmermehr als die Folge einer Ermächtigung zur

---

den bayer. Entw. II, 33: Aus einem Vertrage, durch welchen sich Jemand in eigenem Namen von einem Andern eine Leistung zu Gunsten eines Dritten versprechen lässt, erlangt der Dritte erst dann Rechte, wenn er nach vorgängiger Aufforderung Seitens der Abschliessenden oder eines derselben dem Vertrage beigetreten ist. — Der hess. Entw. 23 und der deutsche Entw. 208 ff. ruhen auf einer romanistischen Grundlage.

[4] *Unger* a. a. O. S. 77.

[5] Vgl. c. 26 C. de J. D. 5, 12: non sibi, cessante voluntate, . . . quaerere potuit actionem.

Klage seitens des Promissars oder als das Ergebniss einer Cession aufzufassen sein; das Recht des Dritten muss vielmehr als selbstständig und direct entstanden betrachtet werden.[6] Was schon hiernach den Regeln des juristischen Denkens gemäss anzunehmen ist, ergibt sich aber noch aus andern Gründen. Sowohl das mandatum ad agendum als auch die cessio actionis setzen entsprechende Willenserklärungen seitens des Mandanten, beziehungsweise Cedenten und seines Bevollmächtigten oder des Cessionars voraus, Erklärungen, welche dem Abschlusse des Vertrages folgen müssten. Dass es solcher zum Dasein der Berechtigung des Dritten jedoch nicht bedürfe nach der im Volke lebendigen Rechtsansicht, bezeugt mit Rücksicht auf einen speciellen Anwendungsfall ein erfahrener Schriftsteller,[7] welcher schreibt: „Nimmer wird man dem Volke als wahres Recht begreiflich machen können, dass der Ehegatte eines Altentheilers aus der auf beider Leiber bedungenen, mit dem letzteren lange genossenen Leibzucht nach dem Tode des Promissars vertrieben werden dürfe, weil er an dem Vertrage nicht selbst zustimmend Theil genommen und sich keine Cession der Klage aus demselben verschafft hat und verschaffen

---

[6] Wie auch früher die communis doctorum opinio urtheilte. Vgl. *Glück*, Pandekten-Commentar IV, S. 564. Erk. des OAG. Darmstadt vom Jahre 1852 (*Busch* a. a. O. S. 127).

[7] *Runde*, Zeitschr. f. d. R. VII (1842), S. 18. 19.

kann, dass Gläubiger bei einer Vermögensübertragung ‚mit Schuld und Unschuld' und Abfindlinge, deren Befriedigung der durch Erfrühung der Succession auf den Todesfall eingetretene Nachfolger übernommen, sich ohne Weiteres an denselben zu halten nicht berechtigt sein sollen". Und in Uebereinstimmung mit diesem Ausspruch wurde allgemein auf der Dresdener Conferenz trotz der sonst verschiedenen Standpunkte mehrseitig anerkannt, [5] „dass ein Bedürfniss vorliege, dem Dritten ohne besondere Ermächtigung durch den Promissar die Klage auf Erfüllung gegen den Promittenten zu ermöglichen". Nun wusste zwar die Theorie in geschmeidiger Weise diesem Verlangen ihre Lehre anzupassen, indem sie den Satz aufstellte, dass derjenige, welcher ein Versprechen zu Gunsten eines Dritten sich geben lasse, stillschweigend die Klage letzterem mandire, cedire oder mindestens die Cession derselben offerire, während über die nothwendige weitere Erklärung, das Mandat, die Cession oder ihre Offerte anzunehmen, die Qualification der Klage als Annahme hinweghelfen musste. [9] Dass jedoch, wollte man auch mit der Unterstellung der ersten Erklärung sich be-

---

[5] Protocolle S. 667, vgl. S. 652.

[9] Der Unterschied, je nachdem ein stillschweigendes mandatum ad agendum oder eine cessio actionis tacita angenommen wird, liegt darin, dass in dem ersten Falle selbst noch nach der Klaganstellung, da sie immer nur im Auftrag des Mandanten geschieht, eine Befreiung des Promittenten, welche als Widerruf des Mandats gegenüber dem Dritten erscheint, möglich ist.

freunden, das zweite Auskunftsmittel unhaltbar sei, bedarf nach dem früher Bemerkten [10] hier keiner weiteren Ausführung.

Dazu kommt ferner, dass die an eine Ueberleitung des Rechtes des Promissars auf den Dritten sich küpfende praktische Folge durchaus unvereinbar ist mit dem Bedürfnisse des Verkehrs. Es würde nämlich der Promittent berechtigt sein, Einreden, welche ihm gegenüber dem Promissar zustehen, dem Dritten entgegenzuhalten. Darüber aber, dass dies unstatthaft sei, besteht, so sehr auch sonst die Meinungen auseinandergehen, heutzutage volle Uebereinstimmung. [11]

---

[10] Vgl. oben S. 14, 15 und S. 107. — Der besondere Grund, welcher abgesehen hiervon gegen das Mandat spricht, ist der, dass seine Unterstellung in allen denjenigen Fällen unzulässig wäre, in denen die Leistung erst nach dem Tode des Promissars zu erfolgen hat, weil mit seinem Tode auch das von ihm ertheilte Mandat erlischt. Protocolle S. 669.

[11] In diesem Punkte war man auf der Dresdener Conferenz, wo im Uebrigen, wie bereits erwähnt wurde, die divergirendsten Ansichten vertreten waren, einig. S. Protocolle S. 679: Dagegen beschloss man einstimmig, Einreden, welche sich auf Gegenansprüche des Promittenten gegen den Promissar stützten, mögen dieselben nun zum Zwecke der Compensation oder Retention geltend gemacht werden, als gegen den Dritten unstatthaft, auszuschliessen, und vereinigte sich daher auf den Satz: dass Gegenforderungen aus der Person des Promissars dem Dritten nicht entgegengesetzt werden können. — Hiernach muss der Meinung von dem abgeleiteten Rechte selbst der Werth, dass sie als künstliches Mittel die Wirksamkeit der sogenannten Verträge zu Gunsten Dritter mit dem römischen Rechte in Einklang zu bringen geeignet sei, vgl. Protocolle S. 665, abgesprochen werden.

Wir wenden uns zu der andern Voraussetzung, unter welcher der Vertrag zu Gunsten Dritter hierher zu rechnen wäre. Dieselbe würde begründet sein, falls der Dritte das Versprechen zu fordern, beziehungsweise einzuklagen berechtigt wäre, ohne dass er früher eine Annahme gegenüber dem Promittenten ausdrücklich erklärt oder thatsächlich zu erkennen gegeben hätte, ohne dass also zwischen ihm und dem Geber des Versprechens ein Vertragsverhältniss hergestellt worden wäre. Auch diese Voraussetzung darf als rechtlich begründet angesehen werden.

Einmal ist schon aus einem formellen Grunde das Versprechen nicht acceptabel seitens des Dritten, weil, wenn auch sein Inhalt auf ihn sich bezieht, es doch nicht an seine Adresse gerichtet ist.[12] Ferner liesse sich der Zweck einer Annahme kaum absehen. Insofern ein Versprechen angenommen wird, um seinen Bestand gegenüber einer willkürlichen Zurückziehung seitens des Promittenten zu sichern, ist eine Annahme des Dritten unnöthig, da der Geber des Versprechens durch die andere Hand ohnehin schon an sein Wort

---

[12] Soweit stimme ich *Bähr* a. a. O. VI, S 145. XI, S. 395 bei, während im Weiteren unsere Auffassungen auseinandergehen. — Im Zusammenhang damit, dass die Voraussetzung zu einer Annahme mangelt, steht, wie ich glaube, die Erscheinung, dass die für die verlangte Erklärung gebrauchten Ausdrücke variiren, dass bald von einer „Ratihabition" oder „Genehmigung", bald von einem „Beitritt zum Vertrag" oder von einer „Aneignung" die Rede ist.

gebunden ist;[13] insofern aber ein Versprechen angenommen wird, um zugleich seine Wirksamkeit zu begründen, ist die Annahme des Dritten überflüssig, weil
ein zu fremden Handen gegebenes Versprechen seine
Wirksamkeit oder die Verpflichtung, das Versprochene zu
leisten, in keiner Weise davon abhängig gemacht hat.[14]
Damit steht auch die Auffassung und Uebung des
Volkes in vollem Einklang, wie sich an einer speciellen
Anwendung des Vertrages zu Gunsten Dritter in ecla-
tanter Weise darthun lässt.

Das preussische Landrecht hatte seiner Zeit I, 5
§. 75 verordnet:

Der Dritte . . . erlangt aus einem solchen Vertrage, an dessen Schliessung er weder mittelbar noch
unmittelbar Theil genommen hat, erst alsdann ein
Recht, wenn er demselben mit Bewilligung der Haupt-
parteien beigetreten ist.

In Folge dieser Bestimmung wiesen die preussischen
Gerichte Klagen auf Abfindungen, welche in einem
Gutsabtretungsvertrage versprochen worden waren, ab,
wenn dieselben nicht auf eine Annahme des Abfindungs-
versprechens sich stützen konnten. Weder Gesetz noch

---

[13] Von einer sogenannten Annahme gegenüber dem Promissar
zu dem Zwecke, die Möglichkeit der Rückgabe des Versprechens
seinerseits auszuschliessen, ist nachher zu sprechen. Vgl. S. 154.

[14] Der Fall, dass ein Vertrag vorbehaltlich des Beitrittes eines
Dritten geschlossen wird, ist wohl möglich; allein dann liegt kein
Vertrag zu Gunsten eines Dritten vor. Vgl. das von *Bähr* a. a. O. VI,
S. 144 Note 12 bezeichnete Geschäft.

Rechtssprechung vermochten jedoch die Ueberzeugung
des Landvolkes von der unmittelbaren Giltigkeit solcher
Versprechen für den Dritten zu überwinden. Die Uebung
b1ieb der rechtlichen Ueberzeugung treu; Härten und
Ungerechtigkeiten waren die unvermeidlichen Folgen
des Zwiespaltes zwischen dem, was das Gesetz als Recht
erklärt hatte, und dem, was das Volk dafür erkannte,
bis endlich der höchste Gerichtshof durch Plenarbe-
schluss vom 25. August 1846 eine Praxis im Sinne
des Gewohnheitsrechtes inaugurirte. Wenn ein Vater
in dem mit einem seiner Kinder abgeschlossenen Guts-
überlassungsvertrage zu Gunsten der andern Kinder
Abfindungen sich hat versprechen lassen, so kann laut
des Präjudices der Gutsübernehmer den die Abfindung
einklagenden Geschwistern nicht entgegenstellen, dass sie
dem Vertrage nicht beigetreten seien. Um den augen-
fälligen Widerspruch dieser Entscheidung mit dem
Landrechte zu beseitigen, griff man zu der Unterstellung, dass der Vater, ja selbst die Mutter und
Grossmutter bei Annahme solcher Versprechen die
Stelle ihrer Kinder, beziehungsweise Enkel vertreten,
daher letztere mittelbar an dem Vertrage betheiligt
erscheinen!

Wenn trotzdem und alledem von der Theorie [15]
und Praxis des gemeinen Rechtes eine Annahme des

---

[15] Gegen welche sich nur wenige Juristen, wie *Böhmer*
exercitat. ad pand. 28 (ad lib. II, 14) c. 1 §. 6, *Cramer,* Wetz-

Versprechens durch den Dritten gefordert wird, so
geschieht dies nur dem Namen nach, indem die Handlung, worin die Annahme gefunden wird, die Klage,
welche der Dritte erhebt, wie früher gezeigt wurde,
nicht das ist, wofür man sie ausgibt. In Folge dessen
legen alle Schriftsteller und Urtheile,[16] welche das
Versprechen dadurch, dass daraus geklagt wird, angenommen sein lassen, in Wahrheit Zeugniss dafür ab,
dass der Dritte aus dem Versprechen, ohne dasselbe
angenommen zu haben, berechtigt sei.

Auch vom rechtspolitischen Standpunkte aus erscheint dieser Satz, wie anerkannt wird, unbedenklich,
und es ist nur einer falschen Theorie zuzuschreiben,
wenn man,[17] statt zu erklären, der Gesetzgeber brauche
die Annahme des Dritten nicht zu verlangen, sagt, das
Gesetz dürfe dieselbe „unterstellen oder suppliren".

Die Behauptung, dass aus einem anderen Händen
gegebenen Versprechen das Recht dem Dritten unmittelbar und ohne sein Wissen und Wollen erworben
werde, involvirt noch nicht eine Entscheidung darüber,
in welchen Zeitpunkt der Rechtserwerb falle oder, was
von einem anderen Gesichtspunkte betrachtet dasselbe

---

lar'sche Nebenstunden Th. 57, S. 142, vgl. *Buchka*, Lehre von der
Stellvertretung S. 171, 172, *Unger* a. a. O. S. 64. 78, erklärt haben.

[16] So das Urtheil eines kurhessischen OG. 1836 (*Busch* S. 86),
des OAG. Dresden 1850 (S. 105), des SC. Leipzig o. J. (S. 109),
des OAG. Jena 1845 (S. 112), und des OAG. Wolfenbüttel 1849
(S. 128), 1850 (S. 133).

[17] Vgl. Protocolle S. 663.

ist, wann der Vertrag dem **Dritten gegenüber** unaufhebbar und unabänderlich werde; denn so lange das Versprechen von seinem Empfänger dem Geber remittirt werden kann, sollte man **füglich von** einem Rechte des Dritten nicht sprechen.[18]

Die Praxis des gemeinen **Rechtes** stellt als entscheidend für die Entstehung **des Rechtes** des Dritten oder die Unaufhebbarkeit, beziehungsweise Unabänderlichkeit des Vertrages die nachstehenden Momente auf:

1. die Acceptation durch den Dritten[19] und

2. ohne dass eine Acceptation erfolgt wäre, den Tod eines der beiden vertragschliessenden Theile.[20]

---

[18] Das Gegentheil geschieht freilich öfter, wobei dann dem Rechte schlechthin ein „unwiderrufliches" oder „gesichertes, klagbares" Recht gegenübergestellt wird. Vgl. z. B. das Urtheil bei *Busch* S. 129 u. a. Auch auf der **Dresdener Conferenz** äusserte sich — Protocolle S. 664 — ein Abgeordneter in diesem Sinne; mit Recht wurde jedoch von dem folgenden Redner erwidert: „es erscheine ein innerer Widerspruch, wenn man davon ausgehe, dass der Dritte mit dem Vertragsschlusse **ein eigenes Recht** auf Erfüllung erwerbe, gleichwohl aber dem **Promissar gestatte,** den Schuldner ohne Zustimmung des Dritten von **seiner Verbindlichkeit** wieder zu befreien." Protocolle S. 666.

[19] Die Particulargesetze, welche **die Acceptation** des Dritten als Vorbedingung seines Rechtes behandeln (s. oben Note 3), unterscheiden sich darin von einander, **dass die einen** schon mit der Aufforderung an den Dritten zum **Beitritt** (s. preuss. Landr. I, 5 §. 77; bayer. Entw. 33, Abs. 2, 3), **die andern** erst mit dem erfolgten Beitritt die Möglichkeit **einer Verfügung** der Contrahenten über den Vertrag ausschliessen.

[20] Den ersten und zweiten Zeitpunkt stellen fest: OAG. Dresden 1849 (*Busch* S. 104. 105). *OAG. Wolfenbüttel 1849 (S. 128.

Dass jedoch von einer eigentlichen Acceptation nicht gesprochen werden könne, wurde bereits bemerkt. Versteht man darunter aber eine Aneignung des Versprechens von dem, welcher sich dasselbe hatte geben lassen, mit dem Zweck und der Wirkung, dass es nun nicht mehr von jenem nachgelassen werden kann,[21] so hiesse dies die Entstehung des Rechtes in der Person des Dritten vom Zufall abhängig machen. Wer zuerst käme, würde mahlen; alles wäre auf die Prävention gestellt, wobei die dem Willen des Dritten eingeräumte Macht nimmermehr sich rechtfertigen liesse.[22]

---

129). 1850 (S. 130); den ersten allein: OAG. Dresden 1840 (S. 98). SC. Leipzig o. J. (S. 109). *OAG. Darmstadt 1852 (S. 54. 55, S. 127). OT. Stuttgart 1854 (S. 123); den zweiten allein: OAG. Darmstadt 1845 (S. 127). *OAG. Wolfenbüttel 1850 (S. 133). — In den mit * bezeichneten Erkenntnissen wird die Frage so gestellt: wann kann ein Vertrag zu Gunsten Dritter nicht mehr aufgehoben werden?

21 Und in diesem Sinne scheint sie in der That bereits von *Mantica*, Vaticanae lucubrationes de tacit. et ambig. conventionibus I, lib. 14 tit. 26, vgl. *Buchka*, Lehre von der Stellvertretung S. 176 Note 50, bei der Stipulation eines Notars und von *Busch* a. a. O. S. 36. 37 allgemein aufgefasst zu werden.

22 Der von *Busch* a. a. O. gemachte Versuch ist durchaus unbefriedigend. — Weit eher liesse es sich rechtfertigen, wenn die Entstehung des Rechtes des Dritten von der Ueberweisung des Versprechens an denselben durch den Empfänger oder, de lege ferenda gesprochen, von der Benachrichtigung des Dritten durch die Vertragschliessenden, beziehungsweise einen derselben (Dresdener Protocolle S. 652) abhängig gemacht wäre. Dagegen aber ist entschieden die Volksüberzeugung. *

Was ferner den Moment des Todes und zwar
zunächst des Promittenten betrifft, so ist schwer ein-
zusehen, warum nicht den Erben desselben das Versprechen sollte remittirt werden können, warum mit
anderen Worten in jenem Momente das Recht des
Dritten entstehen sollte. Und dasselbe gilt von dem
Tode des Promissars. Stand letzterem so lange, als
das Versprechen durch den Dritten nicht acceptirt
worden war, ein Remissionsrecht zu, so müsste dasselbe bei seinem Tode nicht minder den Erben zu-
kommen und es könnte daher auch in diesem Momente
von einem Rechte des Dritten nicht die Rede sein.[23]
Die Feststellung weder des einen noch des andern
Zeitpunktes, welche von der Rechtsprechung beliebt
wird, kann somit als haltbar anerkannt werden.

Aber auch der Ansicht kann nicht zugestimmt werden, welche immer sofort mit dem Vertragsabschlusse
das Recht des Dritten entstehen lässt.[24] Wohl muss
die Möglichkeit einer sofortigen Entstehung zugegeben

[23] Diese Ansicht wurde auch von dem Referenten auf der
Dresdener Conferenz geltend gemacht, Protocolle S. 673. Es findet
auf das Remissionsrecht des Promissars Anwendung, was *Bähr*
S. 166 hinsichtlich seines Widerrufsrechtes bemerkt, der aber durch
die Anerkennung Hilfe schaffen will, dass man die Natur vertrags-
weiser letztwilliger Verfügungen solchen Dispositionen zu Gunsten
Dritter zuschreibt. Ein ähnliches Auskunftsmittel wendet *Busch*
S. 139 an.
[24] So *Böhmer* a. Note 15 a. O. und *Unger* S. 64–68
vgl. S. 75.

werden, und nach dem Willen der Contrahenten wird
letztere auch da anzunehmen sein, wo in dem Versprechen zu Gunsten des Dritten der Vertrag gipfelt,
vorausgesetzt natürlich, dass die für ein Schuldverhältniss überhaupt erforderlichen Bedingungen · vorhanden sind, was nicht der Fall wäre, wenn der Dritte
zur Zeit, da der Vertrag geschlossen wird, noch gar nicht
existirt, wie der Actienverein zur Zeit der Actiensub-
scription zu Handen der Gründer,[25] oder wenn es noch
ungewiss ist, wer der Dritte sei,[26] ferner wenn das

---

[25] Richtig und auf's Eingehendste wird dieser Vertrag zu
Gunsten Dritter behandelt von *Renaud*, das Recht der Actiengesell-
schaften 1863, S. 188—239.

[26] Hieher gehört der Fall, welcher der Entscheidung des
OAG. Kiel vom 27. October 1855, *Seuffert's* Archiv XI, Nr. 218,
zu Grunde liegt: Ein Hypothekargläubiger wünschte seine nach
vorgehenden achttausend M. B. versicherte Hypothekarforderung
von zweitausend M. B. durch Cession zu verwerthen. Zu diesem
Ende erwirkte er von N., dem früheren Erbauer des verpfändeten
Hauses, die Ausstellung einer Urkunde, in welcher sich dieser für
die Sicherheit der fraglichen Nachhypothek verbürgte — ohne Bezeichnung einer Person, welcher gegenüber die Bürgschaft übernommen wurde. Die Cession ging vor sich. Später verlor der
Cessionar einen Theil seiner Forderung im Concurse des Haus-
besitzers und er versuchte nun den Regress an den Aussteller der
Bürgschaftsurkunde. — Allerdings wurde die Klage in allen drei
Instanzen abgewiesen, und zwar fand die Abweisung in dem oberst-
richterlichen Urtheile darin ihre Motivirung, dass dem Gesetze zufolge eine Verbürgung nur vermöge eines zwischen dem Bürgen
und dem Gläubiger in Person oder durch berechtigte Vertreter abgeschlossenen Vertrages geschehen könne. Im vorliegenden Falle
sei aber von dem Kläger weder behauptet worden, dass ein solcher

Recht des Dritten ein betagtes ist; „denn das betagte
Forderungsrecht ist ein künftiges, es entsteht erst,
quando dies venit", [27] in dem Falle eines Witwenver-
sorgungs- oder Lebensversicherungsvertrages also erst
mit dem Tode des Promissars. In der Zwischenzeit
können die Verhältnisse, und mit den Verhältnissen
kann auch der Sinn desjenigen, der das Versprechen
sich geben liess, eine Wandlung erfahren. Es macht
daher in einem solchen Falle der Umstand, dass das

Vertrag der Ausstellung des besagten Scheines zu Grunde liege,
noch dass hinterher ein solcher Vertrag zu Stande gekommen sei.
Ein allgemein abänderndes Herkommen in Betreff dieser gesetzlichen
Grundsätze, wonach heutzutage alle ohne Beziehung auf eine bestimmte Person ausgestellten Zusicherungen und Versprechen Jedem
ein klagbares Recht gewähren sollen, der in die Lage komme,
worauf jene Verheissungen berechnet seien, könne aus dem Umstande, dass jetzt einige solcher Zusicherungen, namentlich die
öffentlichen Auslobungen von Belohnungen und die auf Inhaber
lautenden Staatspapiere und Actien, als rechtsverbindlich anerkannt
werden, nicht entnommen werden, und zwar um so weniger, als
die Wechselordnung für Holstein in Uebereinstimmung mit der
a. d. Wechselordnung die Wechsel auf Inhaber ausschliesse, also zu
erkennen gebe, dass die Gesetzgebung noch jetzt nicht von einer
allgemeinen Giltigkeit der an unbestimmte Personen gerichteten
Versprechen ausgehe, diese vielmehr verwerfe. — Die Entscheidung
übersieht jedoch, dass Verträge zu Gunsten Dritter geschlossen
werden können und ein solcher hier vorliegt. N. hat sich gegenüber dem Hypothekargläubiger zu Gunsten des künftigen Cessionars
der Forderung verbürgt.

[27] *Unger* S. 43. — Auf diesen Widerspruch mit S. 64 ff.
hat schon *Regelsberger*, krit. Vierteljahrsschrift XI, S. 568, hingewiesen.

Versprechen einem Andern als dem, zu dessen Gunsten es
lautet, gegeben wurde, einen wohlbegründeten Unterschied.
Ist das Versprechen zu Gunsten eines Dritten nur
neben und im Zusammenhang mit anderweitigen Verab-
redungen gemacht,[28] so wird man annehmen müssen,
dass nach der Intention der Parteien die Ausführung
des Vertrages in seinen Hauptbestimmungen die Voraussetzung sei, von welcher die Entstehung des Rechtes
des Dritten abhängt. War z. B. in einem Kaufvertrage
ein Halfter- oder Heerdgeld versprochen worden, so
kann hierin unmöglich ein Hinderniss für Käufer und
Verkäufer liegen, den Handel und mit ihm das Versprechen zu Gunsten des Knechtes oder der Ehefrau
wieder rückgängig zu machen. Und dasselbe muss auch
für den Gutsabtretungsvertrag, in welchem Abfindungs-
versprechen für die Geschwister gemacht sind, gelten,
wenn anders dem Willen der Contrahenten nicht Zwang
angethan werden soll.

Wo nun aber das Forderungsrecht des Dritten
aus dem zu Handen eines Andern gegebenen Versprechen nicht sofort entsteht, da beschränkt sich das
Rechtsverhältniss, welches durch den Vertrag zu Gunsten
Dritter begründet wird, zunächst darauf, dass der Promittent dem Empfänger des Versprechens verpflichtet

---

[28] „Wenn es im Gefolge einer Zusage geschieht, die man
sich selbst bedingt," wie das badische Landrecht 1121 die bestrittenen Worte des code civil: lorsque telle est la condition d'une
stipulation que l'on fait pour soi-même, wiedergibt.

ist, im Wort zu bleiben.[29] Weder jetzt noch später ist der Promissar berechtigt, das Versprochene zu fordern;[30] ein Forderungsrecht kann nur der Dritte erwerben. Wann aber Letzterer auf Grund des Versprechens, sofern dasselbe nicht in der Zwischenzeit von seinem Empfänger, wozu dieser befugt ist, dem Geber wieder nachgelassen wurde, das Recht erwerbe, lässt sich nur von Fall zu Fall feststellen.

Diese, meines Ermessens der deutschen Denkweise entsprechende Auffassung des Sachverhaltes wurde mit dem einzigen Unterschiede, dass für die Entstehung des Rechtes des Dritten dessen Acceptation entscheidend sein sollte, seiner Zeit von Hugo Grotius, mit dessen Worten ich schliesse, als die natürliche vertreten: Si mihi facta est promissio (de re danda alteri), sagt der grosse Denker,[31] naturaliter videtur mihi acceptanti ius dari efficiendi, ut ad alterum ius perveniat, si et is acceptet, ita ut medio tempore a promissore promissio revocari non possit, sed ego cui facta est promissio eam possim remittere. Nam is sensus iuri naturae non repugnat, et verbis talis promissionis maxime congruit.

---

[29] Damit ist, wie ich nebenbei bemerken will, zugleich der Schlüssel zu einer richtigen Auffassung des Erbvertrages gegeben.

[30] Wohl aber ist er befugt, die Interessen aus dem Vertrage zu wahren, z. B. aus einem Versicherungsvertrage bei statutenwidrigem Gebahren oder im Falle der Liquidation und des Concurses der Versicherungsgesellschaft. Vgl. *Regelsberger* a. Note 27 a. O. S. 566. *Bähr* VI, S. 154 Note 23 a.

[31] De jure belli ac pacis lib. II c. XI §. 18.

Erster Abschnitt.
Die Grundlagen.

Zweiter Abschnitt.
Die einzelnen Versprechen.